Sammlung Metzler
Band 300

Manfred Kammer

Bit um Bit

Wissenschaftliche Arbeiten mit dem PC

Verlag J.B. Metzler
Stuttgart · Weimar

Die Deutsche Bibliothek – CIP-Einheitsaufnahme

Kammer, Manfred:
Bit um Bit : wissenschaftliche Arbeiten mit dem PC / Manfred Kammer.
– Stuttgart ; Weimar : Metzler, 1997
(Sammlung Metzler ; Bd. 300)
ISBN 978-3-476-10300-0

ISBN 978-3-476-10300-0
ISBN 978-3-476-03996-5 (eBook)
DOI 10.1007/978-3-476-03996-5
ISSN 0558-3667

SM 300

Ursprünglich erschienen bei J.B. Metzlersche Verlagsbuchhandlung
und Carl Ernst Poeschel Verlag GmbH in Stuttgart 1997

Inhalt

1 Einleitung

Die Erstellung einer wissenschaftlichen Arbeit ist – und bleibt – eine intellektuelle Leistung. Diese Kernaussage verliert trotz der in diesem Band primär im Vordergrund stehenden elektronischen Hilfsmittel zur Erstellung von Manuskripten nicht seine Bedeutung. Trotz aller Hilfen, die für die Erstellung und die Gestaltung des Manuskriptes geboten werden, bleibt es die Hauptaufgabe des Autors/ der Autorin, einen Sachverhalt nach wissenschaftlichen Kriterien aufzuarbeiten und entsprechend darzustellen. Diese Grundaussage wird an verschiedenen Beispielen dieses Bandes deutlich werden.

Dennoch, und dies war der Anlaß für die Abfassung dieses Bandes, können Textverarbeitungs- bzw. DTP-Programme bei dieser Hauptaufgabe wertvolle Hilfestellungen geben. Bei aller notwendigen Auseinandersetzung mit Detailproblemen und -lösungen bestimmter Programme verbleibt die Aufgabe der Entscheidung darüber, welche Überschriften auf welcher hierarchischen Ebene anzusiedeln sind, wo ein Querverweis, wo eine Fußnote angebracht ist, an welcher Stelle eine Abbildung eingefügt werden sollte, um nur einige Beispiele zu nennen, beim Verfasser/ bei der Verfasserin.

Dennoch müssen beim Übergang von einem Text in einer ›klassischen‹ Speicherungsform – sei es als Manuskript (im wörtlichen Sinne) oder als Typoskript – zu einem elektronisch gespeicherten Text die Besonderheiten dieses Mediums berücksichtigt werden.

Der erste Schritt, der für alle in der Folge zu diskutierenden elektronischen Hilfen zur Manuskripterstellung seine Bedeutung hat, besteht in einem Umdenken bei der Behandlung des Textes. Der Autor/ die Autorin, dem/der ja von den Programmen viele Aufgaben, die früher dem Lektorat in den Verlagen und dem Setzer in der Druckerei zukamen, aufgebürdet werden, muß sich zunächst von einer zu starken Fixierung auf die äußere Gestaltung des Textes lösen. Im Computer werden die Informationen darüber, welches Zeichen auf welches folgt und die Information, wie die einzelnen Zeichen gedruckt werden sollen, getrennt voneinander gespeichert. Dies bedeutet zunächst, daß alle Entscheidungen über das endgültige Aussehen des Manuskriptes zu jedem Zeitpunkt der Manuskripterstellung verändert werden können, ohne daß in den Textbestand des Manuskriptes eingegriffen werden muß. Diese »Auszeichnung« des Textes ist eine wesentliche Aufgabe des Autors/ der Autorin. Sie beginnt schon damit, daß bestimmte Textelemente bspw. durch ihre hervorgehobene Positionierung als Überschrift gekennzeichnet werden. Sie setzt sich fort in der Kennzeichnung von Zitaten durch Einschluß in Anführungszeichen oder (bei längeren Zitaten) durch Anordnung in gesondert eingerückten Absätzen und Hervorhebungen von Begriffen, Namen, o.ä. durch Kursivierung oder Fettdruck.

Mußte die Entscheidung für den Einsatz eines bestimmten Hervorhebungsmittels bei der Erstellung eines Manuskriptes mit der Schreibmaschine jeweils an Ort und Stelle getroffen werden, und bestand das Hauptproblem bei der Abfassung längerer Manuskripte u.a. darin, eine einmal getroffene Entscheidung für den Einsatz eines Hervorhebungsmittels systematisch in der Folge durchzuhalten, hat sich beim Einsatz eines elektronischen Textverarbeitungssystems diese Aufgabenstellung verändert. Zwar muß die Entscheidung darüber, ob ein bestimmtes Textelement zu einer sachlogischen Gruppe gehört vom Autor/ von der Autorin in jedem Einzelfall getroffen werden, doch kann diese Entscheidung zu jedem beliebigen Zeitpunkt der Arbeit am Manuskript revidiert werden. Gleichzeitig muß keine endgültige Entscheidung über die drucktechnische Form der Hervorhebung getroffen werden. Gefordert ist somit die logische Auszeichnung eines Textes.

Diese Aufteilung bei der Auszeichnung eines Textes in eine logische Auszeichnung und eine gesonderte Festlegung, wie das Druckbild der betreffenden Gruppe von Textelementen auszusehen hat, verbietet es, bei der Abfassung eines Manuskriptes von den sog. harten Formatierungen Gebrauch zu machen. Gefordert ist vielmehr der konsequente Einsatz der sog. Formatvorlagen.

Ein großer Teil dieser Arbeit ist daher den verschiedenen Anwendungsfällen für deren Einsatz und der Diskussion von entsprechenden Standardvorgaben der Programme sowie auftretenden Problemen und Sonderfällen gewidmet. Die Arbeit versucht dabei, den Prozeß der Entstehung eines Manuskriptes in seinen wesentlichen Schritten nachzuzeichnen.

Am Beginn steht der Prozeß der Literatur- und Materialsammlung. Hier werden verschiedene Möglichkeiten der elektronischen

Literatur- und Materialverwaltung vorgestellt; diese reichen von der Verwaltung innerhalb des zum Einsatz kommenden Textverarbeitungsprogramms bis zu spezialisierten Literaturverwaltungsprogrammen oder der Verwendung allgemeiner Datenbankprogramme, die den persönlichen Bedürfnissen angepaßt wurden. Gleichzeitig werden Hinweise auf den Umfang der zu erfassenden Informationen gegeben sowie die Regeln zu deren Wiedergabe (Zitierregeln) kurz erläutert.

Bereits bei den ersten (kleineren) Arbeiten sollte damit begonnen werden, sich in die entsprechenden spezialisierten elektronischen Hilfsmittel einzuarbeiten, damit dieses Instrumentarium später, wenn eine große Menge von Informationen deren Einsatz erzwingt oder zumindest doch ratsam erscheinen läßt, sicher beherrscht wird. Erst mit dieser Sicherheit im Umgang kann sich auch die ganze Fülle der Arbeitserleichterungen einstellen, die durch eine geschickte Kombination verschiedener Programme erzielt werden können.

Der erste Schritt zur Erstellung eines Manuskripts ist der Übergang von der Materialsammlung zur Gliederung: Die wesentlichen Gesichtspunkte des Themas der Arbeit müssen in ein hierarchisch stimmiges System von Überschriften gebracht werden. Bereits zu diesem Zeitpunkt kann von entsprechenden spezialisierten Funktionen der Programme Gebrauch gemacht werden.

Unabhängig davon, ob das zum Einsatz kommende Programm als Textverarbeitungs- oder als Desk-Top-Publishing-Programm (DTP) bezeichnet wird, verfügen heute alle auf dem Markt befindlichen avancierten Programme über eine ähnliche Funktionalität. Ähnlichkeit meint hierbei allerdings auch, daß eine bestimmte Eigenschaft in dem einen Programm vorhanden sein kann, in dem anderen aber nicht. Diese Differenz kann gerade auch zwischen verschiedenen Versionen des gleichen Programms auftreten, wobei zwar generell gesagt werden kann, daß der Funktionsumfang der Programme zunimmt, die Richtung der Funktionalitätserweiterung allerdings eher an den Bedürfnissen der Bürokommunikation orientiert ist. Gleichzeitig wird durch die Bezeichnung als DTP-Programm suggeriert, daß es sich hier um ein Programm handele, das simpler Textverarbeitung weit überlegen sei. In der Tat sind diese Programme in ihren Layout-Funktionen optimiert, lassen also eine Reihe unter Umständen subtiler Veränderungen des Seitenlayouts zu. Für die Unterstützung wissenschaftlicher Schreibprozesse bedeutet dies aber teilweise einen

Rückschritt, weil den Funktionen zur Feinabstimmung des Layouts häufig andere Funktionalitäten geopfert worden sind.

Eine detaillierte Darstellung (aller) spezifischer Programmeigenschaften würde den Zweck dieses Bandes verfehlen. Die Aussagen sind somit bewußt allgemein, bzw. abstrakt gehalten. Um aber dennoch eine gewisse Anschaulichkeit herzustellen, die gerade dem im Einsatz von elektronischen Hilfsmitteln nicht oder wenig vertrauten Leser/ der Leserin helfen mag, wird bei den Beispielen auf den Leistungsumfang eines der in Deutschland weitverbreitetsten Programme zurückgegriffen.

Als Textverarbeitungsprogramm wurde Word herangezogen. Dem derzeit verbreiteten Standard entsprechend wird auf die Windows-Versionen Bezug genommen. Dabei spielt die Unterscheidung zwischen den Versionen 2.0 und 6.0 (bzw. 7.0 in der neuen MS-Office Version) keine entscheidende Rolle, da in den Version 6.0 bzw. 7.0 im wesentlichen Veränderungen in der Benutzerführung und damit der Bedienerfreundlichkeit eingeführt wurden. Die Aufgabe, entsprechende Muster und Vorlagen für die speziellen Erfordernisse wissenschaftlicher Texte zu entwikkeln bzw. anzupassen bleibt davon unberührt. Die in den Beispielen geschilderten Verfahren sind daher beim Einsatz anderer Programme zu modifizieren. Die Schilderung von Lösungsansätzen bzw. Strategien vermittelt aber allgemeines Wissen über Verfahren der elektronischen Textverarbeitung und ist somit geeignet, zum planenden und sinnvollen Einsatz der Textverarbeitung beizutragen.

Die Diskussion der verschiedenen Hilfsmittel zur Erstellung eines ›normalen‹ Manuskriptes bildet einen ersten großen Abschnitt bei der Erörterung der Manuskripterstellung. Eingegangen wird dabei sowohl auf den ›normalen‹ Fließtext des Manuskriptes, als auch die Überschriften und deren Gestaltungsmöglichkeiten. Des weiteren werden die für wissenschaftliche Manuskripte notwendigen Fußnoten behandelt. Diskutiert werden aber auch die vom Autor/ der Autorin selbst zu erstellenden Formatvorlagen, mit denen auf Besonderheiten wissenschaftlicher Manuskripte eingegangen werden kann und die in den allgemeinen Standardvorgaben der Programme keine Berücksichtigung gefunden haben.

Es folgt ein Abschnitt, der sich mit verschiedenen, allgemeinen Hilfsprogrammen wie Rechtschreibüberprüfung und Silbentrennung und hier insbesondere den Grenzen ihrer Leistungsfähigkeit befaßt. Weitere Module wie die Kennzeichnung von Textabschnitten als fremdsprachlichen Text und die verschiedenen Möglichkeiten der Manuskriptdarstellung am Bildschirm werden vorgestellt.

Es schließt sich ein Abschnitt an, der dem Layout des Manuskriptes als ganzem gewidmet ist. Neben den Anordnungsprinzipien für die verschiedenen Teile einer Arbeit werden vor allem die Gestaltung der Seiten, die Festlegung des Satzspiegels einschließlich der Kopf- bzw. Fußzeilen diskutiert.

Im folgenden Abschnitt werden dann Gestaltungsmöglichkeiten eines Manuskriptes erörtert, die nicht unbedingt bei jeder Manuskripterstellung relevant werden müssen. Neben Aufzählungen und Listen sind dies Tabellen und vor allem in das Manuskript einzubindende Graphiken und Abbildungen. Sowohl für die Tabellen als auch die Abbildungen gewinnt dann das Hervorhebungsmittel der Rahmen seine besondere Bedeutung.

Den Abschluß dieses Teils der Arbeit bildet die Vorstellung des Konzeptes der Dokumentvorlagen, die es erlauben, Festlegungen bezüglich des Layouts für die Verwendung in zukünftigen Arbeiten zu sammeln. Mit diesem Instrumentarium wird es möglich, den Vorrat von auf die spezifischen Bedürfnisse angepaßten Gestaltungselementen im Verlauf eines Studiums sukzessive zu erweitern und aufwendige Gestaltungsarbeit wiederverwertbar zu machen.

Den Schluß des ausschließlich auf die direkte Arbeit am Manuskript ausgerichteten Teils dieser Arbeit bilden dann die Erörterungen zu den Möglichkeiten der automatisierten Erstellung von Inhaltsverzeichnissen, Abbildungsverzeichnissen, Autoren-, resp. Sachregistern sowie zu sich selbst aktualisierenden Querverweisen.

In einem das Themengebiet insgesamt abrundenden Teil, der den Bogen zum ersten Teil dieser Arbeit spannt, wird auf die verschiedenen Möglichkeiten der elektronischen Informationssuche eingegangen. Dabei werden sowohl die Möglichkeiten und Randbedingungen der Suche in elektronischen Bibliothekskatalogen ›vor Ort‹ diskutiert, als auch auf die unterschiedlichen Zugriffsmöglichkeiten über das Internet eingegangen. Beim Internet, oder genauer dem World Wide Web, reichen diese vom Zugriff auf die bereits erörterten Bibliothekskataloge und elektronische Archive bis zur Suche nach Informationen, die als elektronische Texte im Netz selbst zur Verfügung gestellt werden. Zu diesem Themenbereich können wegen seiner Komplexität im Rahmen dieser Arbeit lediglich Hinweise auf geeignete Einstiegspunkte in diesen neuen Informationsraum gegeben werden.

Rechnerausstattung

Gerade weil im Manuskript selbst nicht auf technische Voraussetzungen im Detail eingegangen wird, seien an dieser Stelle einige allgemeine Hinweise auf Randbedingungen der Hardware-Ausstattung gegeben.

Grundsätzlich gilt, daß Angaben zu notwendigen oder wünschenswerten Leistungsmerkmalen von Computern sehr schnell veralten. Galt eine bestimmte Ausstattung noch vor zwei bis drei Jahren als optimal für den heimischen Arbeitsplatz, so wird diese heute in vielen Fällen schon als veraltet oder zum Einsatz bestimmter Programme nicht oder weniger geeignet bezeichnet werden. Hier beeinflussen sich die Entwicklung auf dem Hardware-Sektor und der Programme, resp. Programmversionen gegenseitig. Die AnwenderInnen müssen daher selbst entscheiden, welche Entwicklung auf dem Software-Markt – gemessen an den persönlichen Bedürfnissen – so entscheidend ist, daß eine daraus sich zwingend ergebende Veränderung bei der Hardware-Ausstattung in Kauf genommen wird.

Deshalb wird an dieser Stelle bewußt darauf verzichtet, ein bestimmtes Computermodell mit einer Mindestausstattung zu benennen. Als Regel, die vielleicht eine gewisse Sicherheit für einen überschaubaren Zeitraum bietet, kann dabei gelten:

Die technische Mindestausstattung für den Einsatz eines bestimmten Programmes wird vom Programmhersteller angegeben; dabei wird zwischen einer zwingend notwendigen und einer wünschenswerten Ausstattung unterschieden. Hier sollte man sich stets an der wünschenswerten Konfiguration orientieren. Dabei bestimmen nicht nur der Prozessor und seine Taktfrequenz, sondern vor allem auch die Größe des Arbeitsspeichers (RAM) sowie die Graphikkarte und deren Leistungsfähigkeit (um nur einige der relevanten Faktoren anzuführen) die Arbeitsgeschwindigkeit bspw. bei Bewegungen in Manuskripten über größere Entfernungen. Gerade bei Geräten mit einer Ausstattung am Rande der technischen Lauffähigkeit kann dies zu kaum mehr akzeptablen Wartezeiten führen.

Sollen auf einem Computer verschiedene Programme zum Einsatz kommen, so muß man sich selbstverständlich bei der Festlegung der Hardware-Ausstattung an dem Programm orientieren, das die größten Anforderungen an die Ressourcen stellt. Dabei gilt, daß sowohl größere Bedienerfreundlichkeit durch graphische Betriebssystemoberflächen als auch Programme zur Bildverarbeitung enorme Ressourcen verbrauchen; beim Einsatz von Multimedia-Anwendungen steigt der Bedarf nochmals an. Dies hat seine Konsequenzen auch für den Einsatz von DTP-Programmen. Werden im Rahmen von Texten verstärkt Graphiken und Bilder eingebunden, so macht sich das Fehlen entsprechender zusätzlicher Kapazitäten in Form einer Verringerung der Arbeitsgeschwindigkeit u.U. dramatisch bemerkbar.

Unter den gegenwärtigen technischen Bedingungen bedeutet dies für die Mindestausstattung eines Rechners, daß auch wenn lediglich DTP-Software der aktuellen Programmversionen auf einem Rechner ausgeführt werden soll, ein Arbeitsspeicher von mindestens 16 MB RAM installiert sein sollte. Neben einem Prozessor, der nicht unbedingt über die höchste, derzeit mögliche Taktfrequenz verfügen muß und einer leistungsfähigen Graphikkarte mit zusätzlichem Speicher für einen schnellen Bildschirmaufbau sollte vor allem auch Wert auf einen guten Bildschirm gelegt werden. Dabei spielt neben einer klaren, flimmerfreien Bilddarstellung auch die Größe des Bildschirms selbst eine entscheidende Rolle. Zu erwägen ist hier, ob nicht doch – trotz der derzeit noch höheren Kosten – ein 17"-Bildschirm angeschafft werden sollte. Bei einer späteren ›Aufrüstung‹ oder gar einem Neukauf der Zentraleinheit oder des sog. Motherboards bleibt der Wert dieser Investition erhalten. Die größere Darstellung des Textes und/oder der Abbildungen erleichtern die Arbeit am Bildschirm und schonen die Augen.

Alle weiteren Ausstattungsoptionen – insbesondere diejenigen mit Blick auf die sog. Multimediafähigkeit des Rechners – sind vor allem unter den Gesichtspunkten entsprechender weiterer Programme zu prüfen. Dies gilt insbesondere auch bei den Zugangsmöglichkeiten zum World Wide Web, wie sie am Ende dieses Bandes diskutiert werden. Hier sind die lokalen und persönlichen Voraussetzungen – bspw. die Art des Telefonanschlusses – zu prüfen; deshalb können keine allgemeinen Vorgaben gemacht werden.

2 Materialsammlung und -ordnung

2.1 Verwaltung bibliographischer Daten

Die sorgfältige Sammlung von Literatur zum Themengebiet einer Arbeit ist eine wichtige Vorarbeit für die Erstellung und Gestaltung des Manuskriptes oder anders ausgedrückt: Der Inhalt genießt nach wie vor Priorität vor der Form. Für die systematische Sammlung einschlägiger Literatur zu einem Thema gelten bestimmte Vorgehensweisen, die es hier nicht im Detail zu erörtern gilt; entsprechende Hinweise werden in ›Einführungen in das wissenschaftliche Arbeiten‹ oder auch in Einführungen zu Fachdisziplinen gegeben (vgl. z.B. Eco 1991, Rückriem 1990, etc.). Hier nur soviel: Neben der Sichtung von Standardnachschlagewerken, Bibliographien, Referatorganen der jeweiligen Fachdisziplin und Fachzeitschriften sollten die Literaturverzeichnisse entsprechender Publikationen systematisch ausgewertet werden. Auf diese Weise wird schnell eine umfangreiche Sammlung von Buch- und Aufsatztiteln entstehen, die es inhaltlich aufzuarbeiten gilt.

Bereits bei einer konventionellen Sammlung der Informationen auf Karteikarten können die Informationen in dem Umfang und zu dem Zeitpunkt aufgenommen werden, in dem sie zur Verfügung stehen; weitere ergänzende Informationen können zu jeder Zeit leicht hinzugefügt werden (vgl. etwa Bangen 1990, S. 1ff). Die einzelnen Karteikarten werden dann in der Regel in alphabetischer Reihenfolge in einem Karteikasten angeordnet. Bei umfangreichen Sammlungen erfolgt darüber hinaus häufig auch noch eine Aufteilung in inhaltlich begründete Gruppen, die dann in sich wiederum alphabetisch sortiert werden.

Soll auf die bibliographischen Angaben aber auch nach anderen Kriterien zugegriffen werden als nach denen sie geordnet wurden (z.B. das Alphabet der Autoren), so ist es notwendig, Informationen zu duplizieren, resp. spezielle Verweiskarten zu erstellen.

Parallel zu dieser Sammeltätigkeit muß daher dafür Sorge getragen werden, daß auf die gesammelten Informationen auch jederzeit nach inhaltlichen Kriterien zugegriffen werden kann.

Verschlagwortung
Neben der sorgfältigen und systematischen Sammlung der rein bibliographischen Informationen darf der Aspekt der Verschlagwortung nicht vernachlässigt werden. Dabei mag bei stark spezialisierten Titeln die Vergabe eines einzelnen Stichwortes ausreichend sein, gerade bei Standardwerken zu einem Fachgebiet sind aber häufig mehrere Stichworte notwendig.

Für die systematische Kategorisierung von Literatur sind eigene Regeln erstellt worden, die im Rahmen der bibliothekarischen Ausbildung vermittelt werden (vgl. etwa Buder 1990 und Gaus 1983). Ein derartiger Aufwand ist für den privaten Bereich sicherlich nicht angebracht, dennoch lohnt es, sich an diesen Prinzipien zu orientieren.

An erster Stelle sollte die Regel beachtet werden, daß mit einem einheitlichen Vokabular gearbeitet wird. Gleiche Sachverhalte, identische Kategorien, sollten immer mit dem gleichen Stichwort versehen werden. Dies gilt insbesondere unter dem Gesichtspunkt der zeitlichen Erstreckung einer Datensammlung, wenn z.B. Literatur zu bestimmten Fachgebieten im Verlauf eines Studiums kontinuierlich gesammelt wird. Hier empfiehlt sich die Anlage eines Schlagwortverzeichnisses (Thesaurus), das ebenfalls kontinuierlich gepflegt (d.h. vor allem ergänzt) werden will.

Stellt sich zu einem späteren Zeitpunkt heraus, daß z.B. bestimmte Schlagworte einen zu weiten Bereich abdecken, im aktuellen Fall also einer Differenzierung bedürfen, so darf das ursprünglich verwandte Schlagwort nicht ohne besondere Sorgfalt durch die neue Terminologie ersetzt werden. In einem Fall kann sich herausstellen, daß der ursprüngliche Terminus durch Zusätze ergänzt werden kann, das zu undifferenziert beschriebene Gebiet somit durch die Ergänzungen in überschaubare Teilgebiete aufgeteilt werden kann. In einem anderen Fall mag sich ein Begriff überhaupt als unbrauchbar erweisen; an seine Stelle ist ein neuer Begriff oder eine Gruppe von Begriffen zu setzen.

In beiden Fällen muß retrospektiv geprüft werden, wie mit den bereits früher aufgenommenen Titeln zu verfahren ist: Im ersten Fall mag es ausreichend sein, die durch die neuen Begriffe möglich gewordene Differenzierung auch auf die mit dem alten Schlagwort versehenen Titel anzuwenden, im zweiten Fall kann es darüber hinaus notwendig werden, auch verwandte Begriffe mit zu überprüfen, um festzustellen, ob auch hier eine Neuzuordnung notwendig wird.

Bei der Zuordnung von Schlagworten zu einem Buchtitel sollte darauf geachtet werden, daß nicht nur das jeweilige spezielle Schlagwort vergeben wird, sondern ebenfalls die Schlagworte, zu denen der spezielle Begriff eine Differenzierung darstellt. Man spricht in diesem Zusammenhang von »hierarchischer Verschlagwortung«. Wenn sich bspw. ein Buch mit speziellen Problemen eines Textverarbeitungsprogramms befaßt, so könnten die zuzuordnenden Schlagworte lauten: »Computer, Software, DTP, Textverarbeitung, Word, Dokumentvorlagen«. Auf diese Weise wird sichergestellt, daß Gruppenbildungen sowohl auf einer allgemeinen Ebene als auch auf einer sehr speziellen vorgenommen werden können.

Der Wert einer derartigen Bibliographie bemißt sich nicht zuletzt an der intellektuellen Durchdringung der gesammelten Informationen. Sie ist und bleibt die unabdingbare Voraussetzung für einen schnellen, gezielten Zugriff auf diese Informationen. Diese hier nur kurz angedeuteten Überlegungen zur inhaltlichen Aufbereitung bibliographischer Angaben sind unabhängig von der Speicherungsform dieser Informationen, sei es als Karteikarte oder als elektronisches Dokument.

Zitierregeln

Für die Art der Anordnung der Informationen in einer sog. Literaturangabe – und damit implizit auch für den Umfang der zu erhebenden Informationen – gelten bestimmte Regeln (Zitierregeln), auf die an dieser Stelle nur kurz eingegangen werden kann, da es sich – insbesondere bei älteren Werken oder Teilen von Reihen und dergleichen – um ein komplexes Gebiet handelt, dem eine Reihe selbständiger Publikationen, resp. ausführlicher Kapitel bspw. innerhalb von ›Einführungen in das wissenschaftliche Arbeiten‹ gewidmet sind. Man vergleiche hierzu bspw. Bangen 1990.

Die in der Folge gegebenen Beispiele berücksichtigen daher lediglich die häufigsten Fälle ›moderner‹ Literatur.

Leitendes Prinzip bei der Literaturangabe ist es, daß der Leser/die Leserin in die Lage versetzt wird, ausschließlich auf der Grundlage dieser Angaben das betreffende Buch, den betreffenden Aufsatz zu finden. Von daher kann in erster Näherung formuliert werden, daß alle diejenigen Angaben enthalten sein müssen, die bei der Aufgabe einer Fernleihbestellung gefordert werden.

Bei selbständigen Publikationen sind dies: Autor(en), Titel, Erscheinungsort, Erscheinungsjahr. Den Beispielen sind gleichzeitig jeweils die Regeln für die Interpunktion zu entnehmen.

URBACH, REINHARD: *Schnitzler Kommentar zu den erzählenden Schriften und dramatischen Werken.* München 1974.

Zu dieser ›Basisform‹ können, bzw. müssen weitere Informationen hinzutreten. So ist die Angabe eines Verlags im deutschsprachigen Raum zwar wünschenswert, doch nicht unbedingt erforderlich. Sie stellt insbesondere bei Publikationen, die in einem kleineren Verlag erschienen sind (oder bspw. einer Publikation, die nicht über den Barsortimentslagerkatalog erschlossen werden kann), eine zusätzliche Hilfe bei der Beschaffung der Literatur dar.

SCHMIDT, ARNO: *Fouqué und einige seiner Zeitgenossen. Biographischer Versuch.* Frankfurt/M: Zweitausendeins 1975.

Im angloamerikanischen Bereich aber auch bei französischer Literatur ist die Angabe des Verlags dringend erforderlich, da die Verlagslandschaft dort anders strukturiert ist und bspw. fast alle französischen Verlage ihren Sitz in Paris haben.

Bei Sammelbänden, die von einem oder mehreren Autoren herausgegeben wurden, werden die Namen der Herausgeber zunächst wie Autornamen behandelt, ihre Funktion aber durch ein dem Namen nachgestelltes »(Hrsg.)« kenntlich gemacht.

FAULSTICH, WERNER (Hrsg.): *Kritische Stichwörter zur Medienwissenschaft.* München: Fink 1979.

Bezieht sich die Herausgeberschaft dagegen auf z.B. die Werke eines literarischen Autors, so erscheint dessen Name an erster Stelle und der Name des Herausgebers tritt hinter die Titelangabe.

HOFFMANN, E.T.A.: *Der goldne Topf. Ein Märchen aus der neuen Zeit.* Hrsg. und mit einem Nachwort von Jochen Schmidt. Frankfurt/M: Insel 1981.

Handelt es sich bei der angegebenen Ausgabe nicht um die Erstauflage, so treten die Angaben zur Auflage und den evtl. Veränderungen gegenüber früheren Auflagen hinter den Titel.

BANGEN, GEORG: *Die schriftliche Form germanistischer Arbeiten.* 9., durchgesehene Aufl. Stuttgart: Metzler 1990.

Handelt es sich um ein mehrbändiges Werk, so tritt die Angabe zur Anzahl der Bände, bzw. die Angabe des speziellen Bandes hinter die Angaben zur Auflage.

SWIFT, JONATHAN: *Ausgewählte Werke in drei Bänden.* Bd. 1. Hrsg., eingel. u. komment. von Anselm Schlösser. Frankfurt/M: Insel 1982. (=insel taschenbuch 654)

Ist das Buch in einer Reihe erschienen, so werden die Angaben hierzu hinter der eigentlichen Titelangabe in Klammern hinzugefügt.

HOFFMANN, E.T.A.: *Der goldne Topf. Ein Märchen aus der neuen Zeit.* Hrsg. und mit einem Nachwort von Jochen Schmidt. Frankfurt/M: Insel 1981. (=insel taschenbuch 570)

Wird ein bestimmter Aufsatz aus einem Sammelband aufgeführt, so werden zunächst Autor und Titel des Beitrages genannt und anschließend Herausgeber und Titel des Sammelbandes in der gewohnten Form; abschließend werden nun die Angaben zu Beginn und Ende des Beitrages aufgeführt.

GAST, WOLFGANG: *Fontanes «Cécile» als Fernsehspiel.* In: BRACKERT, HELMUT, JÖRN STÜCKRATH (Hrsg.): *Literaturwissenschaft. Grundkurs 1.* Reinbek: Rowohlt 1981, S. 241-269. (=rororo 6276)

Bei Aufsätzen in Zeitschriften wird analog verfahren, allerdings mit der Abweichung, daß – abgesehen von bestimmten Sonderfällen wie Namensgleichheit einer neueren Zeitschrift mit einer älteren, weitgehend unbekannter Zeitschrift, o.ä. – die Angabe von Ort und Verlag entfällt. Zusätzlich zum Erscheinungsjahr wird – nach Möglichkeit – die Angabe des Bandes geboten.

WELZ, D.: »Episoden der Entfremdung in Wolframs Parzival«. In: *Acta Germanica* Bd. 9, 1976, S. 48-110.

ITODA, SOICHIRO: »Das Geschäft mit der Muse. Entwicklung und Attraktivität des Theaterstandortes Berlin«. In: *Hiyoshi-Studien zur Germanistik.* Heft 18, 1994, Keio Universität Yokohama, Japan, S. 85-98.

2.1.1 Bibliographieren mit dem PC

Die Sammlung, Ergänzung und Verwaltung bibliographischer Angaben, Zitaten, Quellen in einem allgemeinen Sinne, etc. mit elektronischen Hilfsmitteln ist dabei in ihrer Funktionalität auf einer ersten Stufe mit einer ›klassischen‹ Kartei vergleichbar, auf einer zweiten Stufe geht sie deutlich darüber hinaus. Die elektronische Form der Materialien erlaubt dabei einen flexibleren Umgang mit den Materialien, der in ›klassischer‹ Form als Karteikarte, Exzerpt oder Kopie nicht möglich gewesen wäre. Hinzuzufügen ist aber: Ein Gewinn an Flexibilität und Arbeitserleichterung ergibt sich erst dann, wenn auch eine sorgfältige Planung der Datenaufnahme hinzutritt.

Für den wenig erfahrenen Benutzer von Textverarbeitungsprogrammen mag es auf den ersten Blick ausreichend erscheinen, die Vorteile zu nutzen, die bereits die elektronische Form von bibliographischen Angaben im Rahmen einer Erfassung in einem Textsystem bietet: Eine Bibliographie kann bereits vor der Erstellung eines Manuskriptes begonnen und während der Erstellung laufend erweitert werden.

- Fehlende Angaben (z.B. abgekürzte Vornamen, nicht vorhandene Verlagsangaben, etc.) können im elektronischen Text jederzeit ergänzt werden, ohne daß hierfür Platz reserviert werden muß.
- Auch die alphabetische Anordnung der Titel bereitet keine Schwierigkeiten, können doch neue Titel problemlos am entsprechenden Ort nachgetragen werden. Darüber hinaus verfügen die meisten Textverarbeitungsprogramme über eine eigene Sortierfunktion, die bei Einhaltung der Zitierregeln eine sekundenschnelle Neuordnung der Titel erlauben.

Bei größeren Bibliographien erweist sich diese Form der Sammlung allerdings als unpraktisch. Darüber hinaus erfordert die Erstellung von neuen Bibliographien zu einem späteren Zeitpunkt – beispielsweise bei einer neuen Arbeit zu einem verwandten Thema – einen erheblichen mechanischen Selektions- und Sortieraufwand.

2.1.2 Bibliographien und Datenbanken

Für die Erfassung von bibliographischen Daten gibt es auf dem Software-Markt eine Reihe spezialisierter Programme – zumeist als Literaturverwaltung apostrophiert. Es kann hier nicht die Aufgabe sein, ein bestimmtes Programm besonders zu empfehlen; hier können vielmehr nur Kriterien aufgestellt werden, nach denen die NutzerInnen die verschiedenen Angebote bewerten und sich dann nach ihren Bedürfnissen selbst entscheiden können.

Der Einsatz einer Datenbank bereits zu einem Zeitpunkt, wenn eine konventionelle Datenhaltung noch einfacher und weniger zeitaufwendig zu sein scheint, macht sich spätestens dann bezahlt, wenn mit viel Mühe bereits vorhandene Datensammlungen letztlich doch in eine elektronische Form überführt werden müssen, da andernfalls die Fülle der Informationen nicht mehr beherrscht werden kann. Hinzu tritt ein zweiter Aspekt: Da auch die Verwertung der gesammelten bibliographischen Daten beispielsweise in einem Literaturverzeichnis oder in entsprechenden Fußnoten einer wissenschaftlichen Arbeit die elektronische Form dann erzwingt, wenn die Arbeit mit einem Textverarbeitungsprogramm erstellt wird, erübrigt sich das erneute Abtippen der Informationen; damit wird eine nicht unerhebliche Quelle für Fehler von vornherein ausgeschaltet.

Literaturverwaltungen sind in aller Regel spezialisierte Oberflächen von Datenbankprogrammen, die dem Benutzer somit die Einarbeitung in eine oft komplexe Software, die darüber hinaus für allgemeine Zwecke der Datenverwaltung und des Daten-Retrieval konzipiert ist, erspart. Die unter Umständen recht mühselige Anpassungsarbeit an den Spezialfall ›Verwaltung von bibliographischen Daten‹ wird dem Anwender abgenommen, eine Erleichterung, die insbesondere wenig erfahrene PC-Nutzer und -Nutzerinnen schätzen werden. Allerdings birgt die bei diesen Programmen notwendigerweise auftretende Vorwegnahme von Benutzerwünschen immer auch die Gefahr in sich, daß bestimmte formale Wünsche und/oder Erwartungen an inhaltliche Differenzierungen später dann nicht mehr erfüllbar sind. Das Hauptkriterium für die Beurteilung eines Literaturverwaltungsprogramms muß daher die Flexibilität gegenüber den Bedürfnissen der Nutzer(innen)schaft sein.

Als ein wichtiges Indiz hierfür kann herangezogen werden, ob es erlaubt ist, weitere Felder zur Beschreibung eines Datensatzes hinzuzufügen oder ob man an die Vorentscheidungen der Programmentwickler gebunden bleibt. Als Prüfstein können hier sicherlich die Beispiele herangezogen werden, die bei der Diskussion von Zitierregeln gegeben werden (vgl. S. 10ff); man prüfe aber auch beispielsweise anhand der Beispiele in Bangen 1990, die Lösungen für nicht alltägliche Titelangaben darstellen.

Ein zweites Indiz stellt die Varianz der Ausgabemöglichkeiten dar. Fragen wie:

- Lassen sich die Ausgaben in elektronischer Form machen?
- Läßt sich die Form der Ausgabe verändern und somit an unterschiedliche Konventionen anpassen?
- Lassen sich die Angaben ohne Probleme in das eingesetzte Textverarbeitungsprogramm einlesen?

können hier als Kriterien herangezogen werden.

Bieten die zur Verfügung stehenden speziellen Programme – zu einem vertretbaren Preis – keine hinreichende Flexibilität, so ist man gut beraten, wenn man sich von vornherein auf die Nutzung eines allgemeinen Datenbankprogramms einläßt. Hier wird zwar zunächst Arbeit bei der Ausgestaltung der Oberfläche und bei der Definition der für einen Datensatz aufzunehmenden Felder abverlangt, aber diesem zusätzlichen Einarbeitungsaufwand steht ein nicht unerheblicher Gewinn an Flexibilität gegenüber. Hinzu tritt mit zunehmender Nutzungsdauer eine Sicherheit im Umgang und ein größeres Maß an Einsicht in die verschiedenen Möglichkeiten elektronischer Datenhaltung.

Allerdings – und damit ergibt sich ein weiteres Kriterium für die Beurteilung der Leistungsfähigkeit vorgefertigter Literaturverwaltungsprogramme – muß die Ausgabe der in der Datenbank enthaltenen Informationen in eine Datei eine entsprechende Anpassung an die geforderten Zitierregeln erlauben. Man nehme auch hier wieder einige weniger einfache Beispiele zur Hand und prüfe, ob sich diese mit den Hilfsmitteln des Programmes korrekt umsetzen lassen.

Ohne hier auf Literaturverwaltungsprogramme, die auf dem freien Markt erhältlich sind, näher einzugehen, sei auf zwei Quellen verwiesen, die Studierenden einen günstigen Zugang zu entsprechenden Programmen bieten:

- Die Rechenzentren der Universitäten bieten den Angehörigen ihrer Hochschule in der Regel Software-Pakete zu besonders günstigen Konditionen an. Hierzu gehört meist auch ein Literaturverwaltungsprogramm. Die Bewertung des jeweils angebotenen Programmpaketes nach den aufgestellten Kriterien muß aber im Einzelfall vorgenommen werden.
- An der Universität in Düsseldorf ist ein Programm entwickelt worden, das auch weiter gepflegt und weiterentwickelt werden soll, das den meisten der aufgestellten Kriterien entspricht. Das Programm »LiteRat« kann kostenlos über das Internet bezogen werden. Nähere Informationen und Zugang zum download-Bereich findet man unter »http://www.phil-fak.uni-duesseldorf.de/erzwiss/literat/lr_inhlt.html«.

Ebenso kann man auch die Leistungsfähigkeit eines Standard-Datenbankprogrammes überprüfen. Hier sind es die verschiedenen Wahlmöglichkeiten bei der Erstellung eines sogenannten Reportes, die darüber entscheiden, ob das Programm für den gewünschten Einsatzzweck geeignet ist.

Es empfiehlt sich, von vornherein auch spezielle Bedürfnisse zu berücksichtigen, da nur so sichergestellt werden kann, daß Arbeit, die beispielsweise am Beginn eines Studiums in den Aufbau einer Bibliographie zu einem bestimmten Themenbereich gesteckt wurde, später sinnvoll ergänzt werden kann. Richtig geplant und eingesetzt kann so eine persönliche Literaturdatenbank entstehen, die im Verlauf einer Beschäftigung mit einem bestimmten Themenbereich kontinuierlich wächst und auch leicht durch neuere Sekundärliteratur aktuell gehalten werden kann.

Mit zunehmender Größe der Literaturdatenbank stellt sich immer häufiger das Problem, gezielt Literaturangaben für einen speziellen Zweck aus der Fülle der Datensätze herauszufiltern. Hier erweist sich die Entscheidung für eine flexible Datenbanksoftware als besonders nützlich. Die Funktionalität eines eingangs beschriebenen Systems von Schlagworten kann beim Einsatz eines Datenbanksystems durch Definition entsprechender Felder optimal genutzt werden. Da jedes Feld eines Datensatzes nach dem Vorkommen von bestimmten Worten durchsucht werden kann und die entsprechenden Datensätze herausgefiltert werden können, kann bei einer konsequenten und systematischen Verschlagwortung der Literaturangaben schnell eine Auswahlbibliographie erstellt werden. (Streng genommen werden nur bestimmte, aufeinander folgende Zeichen gesucht; durch Verwendung allgemeingültiger Stellvertreterzeichen kann daher auch nach Wortbestandteilen gesucht werden, die Auswahl bestimmter Teilmengen von Literaturangaben wird somit möglich.)

Eine derartige Auswahl kann einerseits dazu dienen, die bereits zu einem Themenkomplex gesammelte Literatur zusammenzusuchen und sie für die weitere Arbeit an diesem Bereich zur Verfügung zu stellen, sie kann andererseits dazu dienen, die gesammelte Literatur thematisch anzuordnen.

Auch an eine Zusammenstellung von Literaturangaben zu einem bestimmten Teil des gerade in Arbeit befindlichen Textes – bspw. an eine Literaturauswahl zu einzelnen Kapiteln einer Arbeit – ist hier zu denken. Voraussetzung ist wiederum die Flexibilität des eingesetzten Datenbankprogramms; insbesondere ist hier die Möglichkeit einer nachträglichen Ergänzung von Datensätzen um weitere Felder zu fordern.

Wir wollen dies an einem Beispiel erläutern: Gesetzt den Fall, zu einem Themengebiet sind über einen längeren Zeitraum Angaben gesammelt worden, diese sind darüber hinaus systematisch mit Schlagworten versehen worden. Eine einfache Datenbankabfrage liefert dann sämtliche gesammelte Literatur zum Thema.. Für den momentanen Verwertungszweck kann diese Auswahl unter Umständen zu breit oder zu umfangreich sein. Es bieten sich hier zwei Lösungsmöglichkeiten an:

Die Auswahl hier nicht interessierender Titel kann manuell erfolgen, d.h. die betreffenden Datensätze können aus der vollständigen elektronischen Liste gestrichen werden. Es muß an dieser Stelle ausdrücklich darauf hingewiesen werden, daß bei einer Datenbankabfrage der skizzierten Art niemals die Datensätze der eigentlichen Datenbank angezeigt werden sondern eine Zusammenstellung von Kopien der Datensätze, die dem Auswahlkriterium entsprechen. Eine Streichung von Datensätzen aus dieser Liste hat also keinerlei Konsequenz für die eigentliche Datensammlung.

Eine zweite Möglichkeit: In der Datenbank kann z.B. in einem bereits vorhandenen Schlagwortfeld oder in einem hierfür zusätzlich eingerichteten Feld ein Vermerk angebracht werden, der das Buch als relevant für einen bestimmten Abschnitt des eigenen Textes kennzeichnet. Mittels dieses Feldes kann dann die jeweils aktuelle Auswahl von Literatur erfolgen. Da in einem Datenfeld durchaus mehrere Schlagworte, Kürzel oder dergleichen aufgenommen werden können, stellt auch die mehrfache Zuordnung von bestimmten – besonders wichtigen – Werken zu verschiedenen Abschnitten der eigenen Arbeit kein Problem dar.

2.2 Verwaltung von Exzerpten, Zitaten, Materialien

Auf die Wichtigkeit der Erstellung von Exzerpten zu entsprechenden Büchern bzw. der Anlage von Zitatensammlungen wird im Kontext von Einführungen in das wissenschaftliche Arbeiten zu Recht besonders hingewiesen (vgl. z.B. Eco 1991, Rückriem 1990). Es sei daher an dieser Stelle nur kurz auf die wichtigsten Argumente verwiesen:

- Spezialliteratur steht nicht immer sofort oder zum gewünschten Zeitpunkt zur Verfügung; sie muß teilweise erst über Fernleihe bestellt werden.
- Bücher stehen häufig nur für eine begrenzte Zeit zur Verfügung, da sie bspw. von anderen Bibliotheksbenutzern vorgemerkt wurden.

Aus diesen Gründen ergibt sich auch schon bei der Arbeit an einem einzelnen Manuskript sehr oft die Notwendigkeit, Sichtung und Durcharbeitung einer Quelle zeitlich von der Verwendung der gefundenen Materialien im Text des Manuskriptes – sei es als direktes Zitat oder als sinngemäßes Referat (Paraphrase) – zu trennen. Verstärkt gilt diese Notwendigkeit natürlich dann, wenn bspw. im Verlaufe eines Studiums kontinuierlich an einem Themenkomplex gearbeitet wird und sukzessive neben einer Spezialbibliographie eine Sammlung von entsprechenden Zitaten etc. entsteht.

Selbstverständlich gelten auch in diesem Zusammenhang wieder die zu Recht gegebenen Hinweise auf die notwendige bibliographische Sorgfalt, hier neben dem sorgfältigen bibliographischen Beleg des Zitates insbesondere die Aufnahme von Hinweisen auf die Positionierung des Zitates im Originaltext (d.h. vor allem der entsprechenden Seitenzahlen). Bei längeren Zitaten sollte der Seitenumbruch des Originals zusätzlich vermerkt werden (bspw. durch in eckige Klammern eingefügte Seitenzahlen), damit bei einer späteren Verwendung von kurzen Auszügen die exakte Stelle im Original angegeben werden kann.

Auch an diesem Beispiel kann der Vorteil des Einsatzes elektronischer Hilfsmittel demonstriert werden. Offenkundig ist, daß ein einmal elektronisch aufgenommener Text – so er sorgfältig auf etwaige Fehler beim Abschreiben überprüft worden ist – bei seiner späteren Verwendung in einem elektronischen Manuskript keine erneute Fehlerquelle mehr darstellen kann.

Für die Speicherung insbesondere von Zitaten bieten sich zwei grundsätzliche Möglichkeiten an: Sie kann einerseits mit dem für die spätere Manuskripterstellung vorgesehenen Textverarbeitungsprogramm erfolgen, andererseits können entsprechende besondere Datenfelder des eingesetzten Datenbank- oder Literaturverwaltungsprogramms herangezogen werden. Die Existenz – ausreichend dimensionierter – spezieller Felder stellt somit ein weiteres Kriterium für die Auswahl eines spezialisierten Programmes dar.

2.2.1 Verwaltung von Materialien in Textverarbeitungsprogrammen

Zitate können wie ›normaler‹ Text behandelt werden und in gesonderten Dateien gesammelt werden. Betont werden soll nochmals die besondere Bedeutung der vollständigen Belegangabe. Bei einer wachsenden Zitatensammlung gewinnt die Frage nach dem gezielten Wiederfinden eines einmal abgespeicherten Textes zunehmend an Bedeutung.

Werden Zitate lediglich in geringem Umfang und themenzentriert gesammelt, kann es ausreichend sein, zu entsprechenden Themenkomplexen eigene Dateien anzulegen und diesen aussagekräftige Namen zu geben. Bei der Wiederverwendung braucht dann nur noch parallel zur Arbeit am aktuellen Manuskript die Datei mit der Zitatensammlung geöffnet werden, das aktuell benötigte Textstück markiert und mittels der Zwischenablage in des Manuskript kopiert werden. Hier kann es dann entsprechend den Formatvorgaben des Manuskriptes formatiert werden (vgl. hierzu S. 51ff).

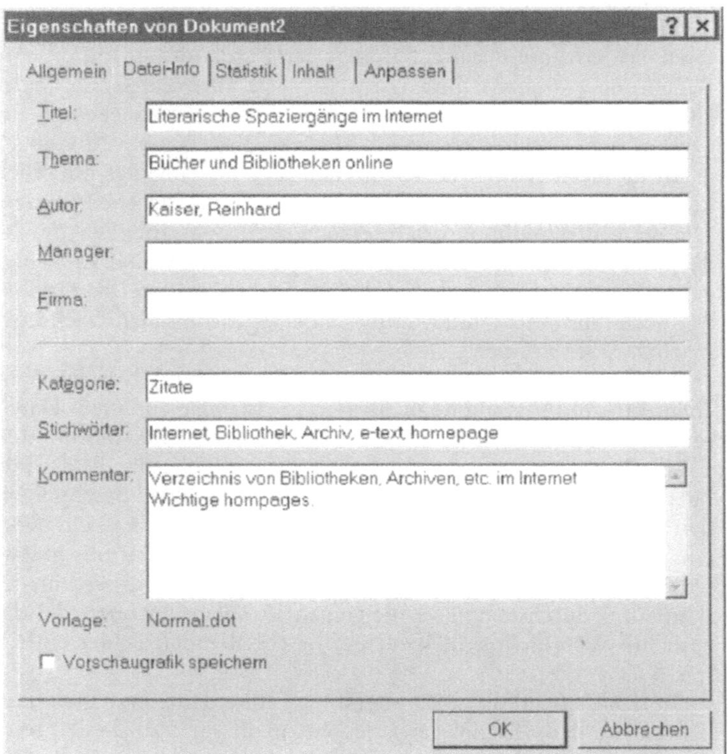

Abbildung 1: Dateieigenschaften

Bei der systematischen Auswertung von Literatur bietet es sich dagegen an, beispielsweise pro Buch oder pro Autor eine eigene Datei anzulegen und hier die Zitate zu einer wissenschaftlichen Position zu sammeln. Bei der späteren Wiederverwendung wird es dann allerdings schwerer, Zitate zu einem bestimmten Themenkomplex zu finden. Hier kann aber von der Tatsache Gebrauch gemacht werden, daß neben dem rein technischen (in vielen Fällen noch auf maximal acht Buchstaben begrenzten) Dateinamen weitere Beschreibungsmöglichkeiten für eine Datei vorhanden sind. Wurden bei etwas älteren Programmversionen lediglich kurze Stichworte zugelassen, stehen heute über die sogenannten »Eigenschaften« einer Datei eine Reihe von Feldern zur Verfügung, die in unterschiedlicher Weise zur Beschreibung des Dateiinhaltes eingesetzt werden können.

Neben gesonderten Feldern für »Titel« und »Thema« (und weiteren Feldern, die erst im Rahmen der Bürokommunikation ihre Bedeutung entfalten) finden sich hier vor allem auch die Felder »Kategorie«, Stichwörter« und »Kommentar«; über eine zusätzliche Option steht darüber hinaus das Textfeld »Inhalt« zur Verfügung.

In die betreffenden Felder können nun die eingangs inhaltlich kurz diskutierten Stichwörter, Kategorien, etc. eingegeben werden. Die reine Beschreibung der in einer Datei anzutreffenden Inhalte ist zwar für das sog. *retrieval* der Informationen eine Erleichterung, besonders hilfreich werden diese Schlagworte aber dann, wenn sie zum Auswahlkriterium einer elektronischen Suche gemacht werden können.

Bei der Programmoption »Datei/Öffnen« wird neben den üblichen direkten Auswahlmöglichkeiten in Analogie zu einem Dateimanager nunmehr auch die Suche nach Dateien mit bestimmten Eigenschaften angeboten. Hier ist es insbesondere das Feld »Text oder Eigenschaft« das den Zugriff auf die vergebenen beschreibenden Attribute einer Datei ermöglicht. Wird in das Feld ein Wort eingegeben und die Suche mittels eines speziellen Buttons gestartet, werden alle Dateien (eines wählbaren Verzeichnisses auf der Festplatte) durchsucht und diejenigen Dateien angezeigt, die das gesuchte Wort in irgendeinem der beschreibenden Felder enthalten.

In den Dateien selbst können diese Felder dann zusätzlich dazu benutzt werden, die Belegangaben zu einem Zitat zu standardisieren. Die Felder »Autor« und »Titel« sind ja bereits standardmäßig vorhanden, für »Erscheinungsort« und »Jahr« können andere Felder ›zweckentfremdet‹ werden. Nach einem Zitat brauchen dann lediglich die entsprechenden Felder eingefügt und zusätzlich die Seitenangabe ergänzt werden. Zweckmäßigerweise legt man für diese Felder einschließlich der Interpunktion einen Textbaustein an.

Da einmal benutzte Suchworte bei der nächsten Abfrage als Auswahlliste angeboten werden, wird diese Programmoption schnell zu einem bequemen Instrument der gezielten Materialsuche. Man kann diese Programmeigenschaft zusätzlich dadurch im gewünschten Sinne beeinflussen, daß nach der Vergabe eines neuen Schlagwortes unmittelbar eine Suche nach eben diesem Schlagwort gestartet wird. Neben einem Kontrolleffekt wird auf diese Weise ein Thesaurus der vergebenen Schlagworte erzeugt, der für künftige Abfragen nur noch durchsucht werden muß.

Mit dieser Form der Materialsammlung, -beschreibung und des *retrievals* haben wir allerdings das genuine Feld der Verwaltung von Daten durch ein Datenbankprogramm betreten. Dem Textverarbeitungsprogramm sind hier lediglich im Rahmen einer bestimmten Funktion (eingeschränkte) Funktionalitäten eines Datenbankprogramms verliehen worden.

2.2.2 Verwaltung von Materialien in Datenbankprogrammen

Viele der modernen Datenbankprogramme bieten neben den Standardfeldern einen besonderen Feldtyp an, die sogenannten Memo-Felder. In ihnen können im Gegensatz zu den übrigen Feldern, die für die üblichen bibliographischen Angaben genutzt werden und hier auch ihre eigenen Vorteile haben, beliebig lange Texte abgelegt werden. Diese Datenfelder sind also prädestiniert für die Aufnahme von Zitatensammlungen und dergleichen. Der datentechnische Nachteil dieses besonderen Feldtyps ist darin zu sehen, daß nicht nach Inhalten dieses Feldtyps gesucht werden kann. Informationen, die in diesen Feldern stehen, können also nicht zur Selektion bestimmter Datensätze herangezogen werden. Sollen zentrale Begriffe aus einem Zitat, Exzerpt oder dergleichen für die spätere Auswahl herangezogen werden, so genügt es nicht, daß diese Begriffe in einem Memo-Feld vorkommen, sie müssen vielmehr ausdrücklich in ein Datenfeld aufgenommen werden, das beispielsweise für Schlagworte reserviert wurde.

Aus einer entsprechenden Zitatensammlung, auf die durch Nutzung der Selektionsinstrumente der Datenbank – sei es durch direkten Rekurs auf die literarische Quelle oder auf dem ›Umweg‹ über ein entsprechendes Schlagwort – kann durch Nutzung entsprechender Hilfsmittel wie beispielsweise des sogenannten Zwischenspeichers, über den in aller Regel bei jeder Kombination von unterschiedlichen Softwarepaketen der Austausch von Informationen erfolgen kann, ein Zitat oder ein Teil desselben in den elektronischen Text der Arbeit aufgenommen werden.

Stehen Memo-Felder oder datentechnische Äquivalente nicht zur Verfügung, so kann dennoch die Funktionalität der Datenbanksoftware zur Verwaltung entsprechender Zitatensammlungen mit herangezogen werden. So können beispielsweise die ausgewählten Zitate zu einer Quelle in einer gesonderten Datei abgelegt werden oder aber Zitate zu einem Thema in einer Datei zusammengeführt werden. In beiden Fällen können in ein entsprechendes Datenfeld die Hinweise auf den Standort aufgenommen werden.

Die Analogie zu einem Verfahren mit Karteikarten und angehefteten Zitaten resp. Exzerpten ist offenkundig (vgl. Bangen 1990, S. 4f). Hier wurde schon die Möglichkeit erwähnt, auf der Karteikarte lediglich auf einen gesonderten, bspw. thematisch orientierten und zentrierten Standort zu verweisen.

Neben dieser Verknüpfung von bibliographischer mit inhaltlicher Information können den entsprechenden Datensätzen ebenfalls Informationen über Signaturen einer bestimmten Bibliothek, über im eigenen Besitz befindliche Kopien (bspw. von Aufsätzen) und dergleichen beigegeben werden.

Gerade die letzten Beispiele haben deutlich werden lassen, wie wichtig für eine langfristig orientierte Arbeit mit Programmen zur Literaturverwaltung die Eingriffs- und Modifikationsmöglichkeiten des Nutzers sind. Ist und bleibt er an die Entscheidung von Programmentwicklern gebunden, die seinen besonderen Impetus zur Nutzung nicht berücksichtigt haben, so ist der zwar anfangs etwas mühevollere dafür aber um so zukunftsorientiertere Weg der Entwicklung eigener Datenbankstrukturen, von Eingabeformularen und auf die Zitierregeln zugeschnittener Ausgabeformulare (Reports) für eine der Standarddatenbankprogramme sicherlich zu empfehlen.

Die Eingriffs- und Modifikationsmöglichkeiten der Anwender(innen) sind bei den heute gängigen relationalen Datenbanken sehr weitreichend. Die Schwierigkeit für Datenbankneulinge besteht daher in der Regel weniger darin, daß sie auf Grenzen der

Leistungsfähigkeit des Programms stoßen, sondern eher, daß sie die unterschiedlichen Mittel zu Anfang nur unvollständig beherrschen.

Eine zentrale Forderung an ein Datenbankprogramm – die von den gängigen Programmen aber mittlerweile durchweg erfüllt wird – ist die Möglichkeit der nachträglichen Umstrukturierung von Datensätzen; hierzu zählt vor allem auch die Möglichkeit, nachträglich neue Datenfelder hinzuzufügen. Mit der Sicherheit, daß die in eine Datensammlung gesteckte Arbeit nicht umsonst sein wird, können sich Computer-Neulinge also durchaus an die Erstellung einer eigenen Literaturdatenbank wagen. Bei steigender Vertrautheit mit dem Programm und seinen Optionen können sie dann schrittweise die Struktur an neue Erfordernisse – beispielsweise bei Sonderfällen der Zitation, die sie anfangs nicht berücksichtigt hatten – anpassen. Die Entwicklung geeigneter Formulare und Reports, die in der Regel der Vereinfachung im Umgang mit den Daten dienen, kann ebenfalls nach einer ersten Einarbeitungsphase erfolgen.

An dieser Stelle müssen diese kurzen Hinweise ausreichend sein. Eine ausführliche Darstellung der Möglichkeiten von Datenbankprogrammen auch für Geisteswissenschaftler ist im Zusammenhang einer allgemeinen Darstellung von elektronischen Hilfsmitteln im Rahmen dieser Publikationsreihe geplant.

Sollen auf der Basis von elektronisch gesammelten Materialien Wortschatz, bzw. Wortfelduntersuchungen vorgenommen werden, so ist der Einsatz hierfür spezialisierter Programme, sogenannter Volltextdatenbanken dringend angeraten. Da dieser Aufgabenbereich sich allerdings auf bestimmte Themenbereiche begrenzen läßt und für den hier diskutierten allgemeinen Bereich der Darstellung von Hilfsmitteln für die Erstellung wissenschaftlicher Arbeiten sprengt, möge an dieser Stelle der Hinweise auf diese speziellen Programme genügen (vgl. hierzu auch Kammer 1995).

3 Die Gestaltung des Manuskripts

Die Anlässe, bei denen im Verlauf eines Studiums schriftliche Texte vorgelegt werden müssen, sind vielfältiger Natur: Sie reichen von kurzen Thesenpapieren über Referate bis zu schriftlichen Hausarbeiten. Am Ende des Studiums steht dann in der Regel eine Diplom-, Magister- oder Staatsexamensarbeit. Einen besonderen Fall stellt die Dissertation insofern dar, als diese nach ihrer Annahme durch die Fakultät oder den Fachbereich in einem Verlag veröffentlicht werden muß, hier also u.U. bestimmte Vorgaben für die Gestaltung des Manuskriptes beachtet werden müssen.

Die Vorgaben für die Gestaltung nehmen in der angeführten Reihenfolge ständig zu, lassen also dem Autor/ der Autorin immer weniger Spielraum. Dennoch sind eine Reihe von Konstanten bei der Gestaltung festzustellen, die es rechtfertigen, von Anfang an den Einsatz elektronischer Hilfsmittel so zu planen und einzuüben, daß am Ende eines Studiums bei der Abschlußarbeit oder bei der Publikation einer Arbeit in einem Verlag das Instrument der elektronischen Manuskripterstellung sicher beherrscht wird. Elektronische Textverarbeitung kann und sollte dabei mehr sein, als ein Instrument zur Erstellung einer Reinfassung oder gar einer reproduktionsfähigen Vorlage (zu den allgemeinen Regeln für die Gestaltung eines Buches vgl. die Ausführungen auf S. 67ff dieses Bandes), das erst dann eingesetzt wird, wenn die inhaltliche Arbeit beendet ist.

Die drucktechnische Gestaltung des Manuskriptes wird damit nicht zu einer zusätzlichen Arbeit, sie wird vielmehr zu einem integralen Bestandteil der Erstellung des Manuskriptes selbst.

Darüber hinaus verfügen moderne Textverarbeitungsprogramme über eine Reihe von Eigenschaften, die zwar primär für die Gestaltung der Manuskripte gedacht sind, aber auch bei der inhaltlichen Arbeit am Manuskript als Hilfsmittel eingesetzt werden können. Auf diesen Aspekt wird bei den einzelnen Funktionen näher eingegangen.

Bereits von der ersten Konzeption einer Arbeit an können die Instrumente der Textverarbeitung zur sinnvollen Unterstützung der eigenen wissenschaftlichen Arbeit herangezogen werden. Dabei erstrecken sich diese Hilfsmittel von der Unterstützung bei der Erstellung einer Gliederung, über die Verwaltung von Fußnoten, die Erstellung und Aktualisierung von Querverweisen, die Erstellung von Inhaltsverzeichnissen und Indices bis hin zu komplexen Problemen des Seitenlayouts und der Buchgestaltung insgesamt, um nur einige zentrale Bereiche anzusprechen.

3.1 Von der Konzeption zur Gliederung

Mit Recht wurde im ersten Teil dieses Bandes festgestellt, daß der sorgfältigen Durchdringung des Stoffes und der Planung seiner sachadäquaten Präsentation größte Aufmerksamkeit gewidmet werden muß. Allerdings verliert die früher zu Recht aufgestellte Forderung, daß diese Planung, die sich in der Ausarbeitung einer detaillierten Gliederung niederschlagen muß, vor jeder schriftlichen Fixierung erfolgen muß, an Bedeutung. Sie wird damit keineswegs überflüssig, da eine sorgfältig durchdachte und ausgearbeitete Gliederung den Grad der geistigen Durchdringung eines komplexen Themenbereiches anzeigt. Allerdings bieten die Optionen der elektronischen Textverarbeitung jederzeit die Möglichkeit, auch Festlegungen in bezug auf Hierarchisierungen von Abschnitten jederzeit problemlos zu revidieren.

Voraussetzung für eine Nutzung dieser Optionen ist allerdings, daß von Anfang an von den speziell hierfür vorgesehenen Programmeigenschaften Gebrauch gemacht wird. Der erste Schritt, der auch für alle anderen in der Folge zu diskutierenden elektronischen Hilfsmittel zur Manuskripterstellung seine Bedeutung hat, besteht in einem Umdenken bei der Behandlung des Textes. Der Autor/ die Autorin dem/ der ja von den Programmen viele Aufgaben, die früher dem Lektorat in den Verlagen und dem Setzer in der Druckerei zukamen, aufgebürdet werden, muß sich zunächst von einer zu starken Fixierung auf die äußere Gestaltung des Textes lösen.

Aufgabe des Autors ist es in erster Linie, den Text logisch zu strukturieren und ihn entsprechend auszuzeichnen. Hierfür werden von den Programmen auch entsprechende Hilfsmittel zur Verfügung gestellt. Mit Hilfe dieser logischen Auszeichnung kann dann zu jedem beliebigen Zeitpunkt das drucktechnische Erscheinungsbild verändert werden.

Weil es sich bei dieser Trennung von Funktionalität um den entscheidenden Schritt beim Einsatz elektronischer Hilfsmittel zur Manuskriptgestaltung handelt, sei hier nochmals und ausdrücklich auf die konsequente Nutzung dieser Programmoptionen hingewiesen. Die volle Funktionalität der Programme kann nur dann ausgeschöpft werden, wenn zuvor die entsprechenden Programmangebote konsequent eingesetzt werden. Ein Beispiel möge dies verdeutlichen:

Nur wenn bei der Erstellung von Überschriften zu Kapiteln, Abschnitten, etc. von der Gliederungsfunktion (resp. den entsprechenden Standarddruckformaten) Gebrauch gemacht wurde, kann die automatische Erstellung von Inhaltsverzeichnissen eingesetzt werden.

Gleiches gilt für die automatische Zählung der Überschriften einschließlich der Regeln bei den verschiedenen Hierarchieebenen sowie der Fähigkeit, bei Nutzung der entsprechenden Programmoptionen bei einer Ergänzung, Änderung oder Verschiebung von Textteilen einschließlich von Überschriften eine automatische Korrektur der Überschriftenzählung vornehmen zu lassen.

Wird dagegen nicht auf die entsprechenden automatischen Verfahren zurückgegriffen, wird eine Überschrift manuell mit einer bestimmten Schriftgröße, Abstand zum nachfolgenden Text und dergleichen mehr versehen, so sind bei einer nachträglichen systematischen Änderung die analogen Korrekturen an jeder einzelnen im Text vorkommenden Stelle manuell vorzunehmen.

Die Vorteile der elektronischen Manuskriptgestaltung schrumpfen auf ein Minimum zusammen; was bleibt, ist in der Regel ein auf den ersten Blick gegenüber dem mit der Schreibmaschine erstellten Typoskript ansprechenderes äußeres Erscheinungsbild. Dieser Fortschritt ist dann allerdings in der Regel weitgehend auf ein verbessertes Schriftbild durch den Einsatz moderner Drucker und einen erweiterten Umfang von Schriftarten zurückzuführen.

Die Erstellung der Gliederung eines Textes kann in verschiedenen Schritten erfolgen: Zunächst sollte in Form einer Stoffsammlung die Aufzählung der wesentlichen Gesichtspunkte für das gestellte Thema erfolgen; dabei wird jedem einzelnen Aspekt eine eigene Zeile gewidmet.

Der Übergang von der Stoffsammlung zur Gliederung besteht in der Einführung einer Hierarchisierung in der bisherigen zeilenweisen Aufzählung der Gesichtspunkte, im Übergang von Stichworten zu Überschriftentiteln. Mit der Hierarchisierung kann gleichzeitig auch eine Veränderung der Reihenfolge verbunden sein. Alle Überschriften, die eine nähere Erläuterung zu einer generellen Überschrift darstellen, müssen unmittelbar auf diese folgen. Diese Änderung in der Reihenfolge kann zunächst mit den üblichen Mitteln der Textverarbeitung erfolgen, sie kann aber auch im Rahmen der – im folgenden näher erläuterten – Gliederungsansicht vorgenommen werden.

Gliederung mit Hilfe der Gliederungsansicht
Wir gehen in der Folge davon aus, daß die Reihenfolge für die erste Fassung der Gliederung hergestellt wurde. Die Erstellung, resp. Bearbeitung der Gliederung kann besonders komfortabel in der sogenannten Gliederungsansicht (»Ansicht/Gliederung«) erfolgen. In diese Ansicht des Textes kann in jedem Stadium der Manuskripterstellung gewechselt werden. Auf die weiteren besonderen Bearbeitungs- und Darstellungsmöglichkeiten wird später in diesem Abschnitt eingegangen.

Mit dem Wechsel in die Gliederungsansicht wird eine zusätzliche Buttonleiste eingeblendet: Neben Pfeilen, die nach rechts, links, oben und unten zeigen, sind dies das Plus- und das Minuszeichen, sowie die Ziffern 1 bis 8.

Zunächst wird der Cursor auf die erste Überschrift positioniert und der nach links weisende Pfeil aktiviert. Die Darstellungsform der Textzeile ändert sich, und im Auswahlfenster für Druckformate, in der bisher der Text »Standard« stand, erscheint die Bezeichnung »Überschrift 1« (zu Druckformaten und deren Einsatz vgl. die Ausführungen auf S. 32ff).

Allen Überschriften der obersten Hierarchieebene – seien es Teile, Kapitel oder dergleichen – werden nun der »Überschrift 1« zugeordnet, die Überschriften der nächst tieferen Hierarchieebene der Kategorie »Überschrift 2«, usw.

Für die Zuordnung werden die beiden nach links bzw. rechts zeigenden Pfeiltasten verwandt; dabei wird zunächst durch ein Betätigen der Pfeiltaste nach links die betreffende Zeile zur Überschrift erklärt und anschließend im Bedarfsfall mittels des nach rechts weisenden Pfeils die korrekte Hierarchieebene eingestellt. Wahlweise kann hierzu aber auch direkt das Auswahlfenster für Druckformate eingesetzt werden.

Ausdrücklich sei hier angemerkt, daß Überschriften – gleich welcher Ebene – bei ihrer Eingabe nicht manuell mit einer Zählung versehen werden dürfen. Die Numerierung wird – abhängig vom verwandten Programm – in einem gesonderten, späteren Schritt vorgenommen.

Auf den ersten Blick bietet diese Art der Zuordnung keine besonderen Vorteile. Betrachten wir allerdings in einem kurzen Vorgriff auf die später erfolgende Behandlung der drucktechnischen Bedeutung dieser logischen Zuweisung die Konsequenzen dieses Verfahrens. Da hier Standardfunktionen des Programms genutzt werden, ist mit der Zuweisung auch gleichzeitig eine bestimmte Auszeichnung hinsichtlich Schriftart, Schriftgröße Versalien oder Kapitälchen, Hervorhebung bspw. durch Fettdruck und/oder Kursivierung, Abstand zum vorhergehenden oder nachfolgenden Text, usw. verbunden.

Sind alle Überschriften in einem ersten Schritt den entsprechenden Ebenen zugewiesen, so kann die konsequente und stimmige Hierarchisierung der Überschriften überprüft werden. Die unterschiedlichen Hierarchieebenen der Überschriften werden dabei durch entsprechende Einrückungen sichtbar gemacht. Gleichzeitig kann gewählt werden, bis zu welcher Ebene in der Hierarchie die Überschriften überhaupt eingeblendet werden sollen. Diese Option, die durch Anklicken des betreffenden Ziffernbuttons aktiviert wird, ist besonders bei tief strukturierten Texten von Bedeutung.

Insgesamt kann durch die besondere Form der Darstellung leicht geprüft werden, ob Überschriften der gleichen Hierarchieebene auch sachlogisch dieser Ebene zugeordnet sind. Gleichzeitig kann leicht kontrolliert werden, ob alle Aspekte einer bestimmten Gliederungsebene in der nächsttieferen Ebene durch Überschriften vertreten sind. Die Forderung nach logischer Durchdringung eines Themas kann so leicht auf ihre Umsetzung in einen entsprechenden Aufbau der Arbeit überprüft werden.

Werden bei dieser Überprüfung Fehler festgestellt, so sind diese leicht zu beheben: Fehler in der Hierarchieebene werden durch Betätigen des Pfeils nach links (Höherstufung), bzw. nach rechts (Tieferstufung) behoben. Verschiebungen in der Reihenfolge können durch die nach oben bzw. nach unten weisenden Pfeile vorgenommen werden; die Zuordnung zu einer Überschriftenebene bleibt bei dieser Operation erhalten. Selbstverständlich können auch fehlende Überschriften eingefügt und überflüssige gelöscht werden.

Die automatische Zählung der Überschriften kann bereits zu diesem Zeitpunkt initiiert werden (vgl. hierzu S. 45ff), sie kann aber auch zu jedem späteren Zeitpunkt der Arbeit am Manuskript erfolgen. Ist die automatische Zählung für ein Dokument einmal aktiviert worden, so werden alle Konsequenzen, die sich aus den vorgenommenen Änderungen der Überschriftenhierarchien und Reihenfolgen für die gewählte Art der Zählung ergeben, automatisch vorgenommen.

Als Ergebnis dieses Arbeitsschrittes sollte eine vollständige Gliederung vorliegen; sie stellt das Gerüst des geplanten Manuskriptes dar und bedarf nun noch der Ausfüllung durch die entsprechenden Textteile.

Komplexe Operationen in der Gliederungsansicht

Im Verlauf der Arbeit an einem längeren Manuskript kann es aber vorkommen, daß Umstellungen in der Gliederung vorgenommen werden müssen; so kann sich z.B. herausstellen, daß ein zunächst für weniger bedeutend gehaltener Unterpunkt einer eingehenderen Behandlung bedarf und in der Hierarchie der Überschriften – u.U. unter Veränderung des Überschriftentextes – höhergestuft werden muß.

Das Aufrufen der Gliederungsansicht bei einem bereits in größerem Umfang mit Text gefüllten Manuskript führt dabei zunächst zu einem scheinbar unbefriedigenden Ergebnis: Zwar sind die unterschiedlichen Ebenen der Hierarchie wiederum durch Einrückungen gekennzeichnet, die Fülle des nach wie vor sichtbaren fortlaufenden Textes der einzelnen Abschnitte verhindert jedoch, daß die einzelnen Überschriften auf einer einzelnen Bildschirmseite sichtbar sind.

Ausblenden des Fließtextes

Um die von der ersten Nutzung der Gliederungsfunktion bekannte Funktionalität wiederherzustellen, kann der Text des Manuskriptes in der Gliederungsansicht auf die im Text enthaltenen Überschriften reduziert werden. Hierfür stehen die beiden Buttons mit dem Plus-, bzw. Minuszeichen zur Verfügung. Positioniert man den Cursor auf eine Überschrift und aktiviert den Minus-Button, so wird der zu dieser Überschrift gehörige Text ausgeblendet. Das Schließen des zu einer Überschrift gehörigen Textes bindet diesen gleichzeitig an diese Überschrift, es wird eine Gruppierung vorgenommen.

Auf diese Art und Weise kann der Text eines Manuskriptes leicht auf sein Gliederungsgerüst reduziert werden.

Bei umfangreichen Manuskripten ist es manchmal wünschenswert, daß nur die Überschriften bis zu einer bestimmten Gliederungstiefe sichtbar sind. Das Betätigen des Minus-Buttons während der Cursor auf einer Überschrift positioniert ist, deren zugehöriger Text bereits ausgeblendet wurde, bewirkt, daß nun die zugeordneten Überschriften der tieferen Ebenen ausgeblendet werden; auch in diesem Fall findet eine Gruppierung statt, d.h. der Überschrift werden die ausgeblendeten Manuskriptteile fest zugeordnet, d.h. die in der Gliederungsansicht sichtbare Überschrift stellt eine Repräsentanz für ein ganzes Objekt dar.

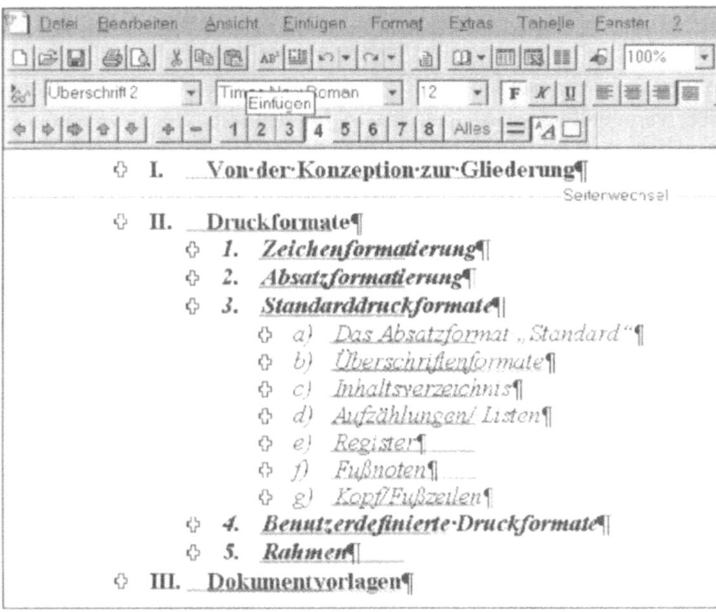

Abbildung 2: Gliederungsansicht

Da die Durchführung dieser optischen Reduktion bei umfangreichen Manuskripten sehr mühsam sein kann, stehen die bereits erwähnten Buttons mit den Ziffern zur Verfügung. Diese bewirken sowohl das Schließen der Textteile als auch das Ausblenden untergeordneter Überschriften für das gesamte Manuskript; dabei gibt die jeweilige Ziffer an, bis zu welcher Ebene der Hierarchie die Überschriften noch angezeigt werden sollen.

Sollen in einem bestimmten Abschnitt des Textes entgegen der allgemeinen Festlegung für die Anzeige von Überschriften weitere Überschriften angezeigt werden, so kann mittels des Plus-Buttons die Anzeige nur für einen bestimmten Textteil erzwungen werden. Das Ein- bzw. Ausblenden der Überschriftenebenen kann also für das Manuskript generell erfolgen, es können aber auch einzelne Überschriften erweitert bzw. minimiert werden.

Umstellungen von Textteilen
Mit dem Ausblenden von Text resp. untergeordneter Überschriften ist eine Gruppierung verbunden, d.h. die sichtbare Überschrift wird zum Stellvertreter für den gesamten Abschnitt des Textes.

Ist die gewünschte Ansicht des Manuskriptes hergestellt, können die sich aus der Veränderung des Textes ergebenden Verschiebeoperationen leicht durchgeführt werden.

- Ganze Textteile können leicht an eine neue Stelle verschoben werden
- Ganze Textteile können in ihrer hierarchischen Einordnung verändert werden.
- Wurden einer Überschrift durch Ausblenden die untergeordneten Überschriften zugeordnet, so sind bspw. bei einer Verschiebung der ›Repräsentanz-Überschrift‹ alle zugeordneten Teile ebenfalls betroffen, d.h. sie werden ebenfalls an die neue Stelle im Manuskript verschoben. Die Zählung der einzelnen Überschriften wird automatisch an die neue Struktur angepaßt.
- Die Höher- bzw. Tieferstufung einer ›Repräsentanz-Überschrift‹ in der Hierarchie der Überschriften wirkt sich analog auf die zugeordneten Überschriften aus. Auch hier wird die Zählung automatisch an die neue Struktur angepaßt.

Durch geeignete Wahl der Darstellungsform in der Gliederungsansicht können somit auch komplexe Veränderungen an der Struktur eines Manuskriptes vorgenommen werden, ohne daß es hierzu aufwendiger Operationen der Textverarbeitung bedarf.

Auf einen interessanten Nebeneffekt, der sich aus dem Übergang zwischen der Darstellung eines Textes in der Gliederungsansicht und in der Normalansicht ergibt, sei hier bereits noch hingewiesen:

Bei der Rückkehr von der Gliederungsansicht in die Normal- oder Layoutansicht des Textverarbeitungsprogramms befindet sich der Cursor an der Stelle im Text, an der er sich zuletzt in der Gliederungsansicht befunden hat. Der geschickt eingesetzte Wechsel zwischen beiden Ansichten kann also auch dazu benutzt werden, sich nach inhaltlichen Gesichtspunkten in einem Manuskript zu bewegen. Vergleiche hierzu die Ausführungen zu den Manuskriptansichten insgesamt und speziell S. 65f.

3.2 Das Layout des Textes

Mit dem Übergang von der Stoffsammlung zur Gliederung wurde eine erste logische Auszeichnung des Textes vorgenommen. Dabei wurde schon kurz darauf hingewiesen, daß mit dieser Zuordnung auch drucktechnische Festlegungen erfolgen. Programmtechnisch erfolgt diese Auszeichnung durch eine Zuweisung von Formatvorlagen.

Auf verschiedene Typen von Formatvorlagen, deren Verwendung im fortlaufenden Text und hier insbesondere auf die Unterscheidung zwischen Absatzformaten und Zeichenformaten sowie die ›besonderen‹ Formatvorlagen beispielsweise für Inhaltsverzeichnisse, Register, etc. wird gesondert eingegangen (vgl. bspw. S. 106ff). So kann ein Manuskript ohne Veränderung in der logischen Auszeichnung und lediglich durch Veränderung der drucktechnischen Eigenschaften der Formatvorlagen mit einem unterschiedlichen Druckbild ausgegeben werden, wenn dies z.B. für eine spätere Buchpublikation aufgrund der Vorgaben eines Verlages notwendig wird.

Von den Programmen werden standardmäßig eine Reihe von Formatvorlagen zur Verfügung gestellt. Darüber hinaus kann der Anwender nach persönlichen Bedürfnissen oder entsprechenden Vorgaben eigene Formatvorlagen entwickeln (vgl. S. 51ff) und diese dokumentorientiert oder fallorientiert zu einer Sammlung zusammenstellen (vgl. S. 100ff).

Zunächst sollen jedoch grundsätzliche Möglichkeiten der Manuskriptgestaltung durch den Anwender diskutiert werden. Diese sog. Formatierungen können sowohl an jeder Stelle des Textes unmittelbar und mit Wirkung ausschließlich für die betreffende Textstelle vorgenommen werden, oder aber im Rahmen der Veränderung der Eigenschaften von Formatvorlagen Verwendung finden. Auch wenn hier zunächst die verschiedenen Möglichkeiten der Absatzformatierung generell diskutiert werden, so sei davor gewarnt, sogenannte ›harte‹ Formatierungen, d.h. Formatierungen, die nur für eine bestimmte Stelle im Text ihre Gültigkeit besitzen, vorzunehmen. Formatierungen gleich welcher Art sollten grundsätzlich über Zuweisung von Formatvorlagen, die entsprechende Eigenschaften aufweisen, erfolgen.

Generell muß zunächst an eine Grundeigenschaft der elektronischen Textverarbeitung erinnert werden: Anders als beispielsweise bei einer Schreibmaschine erfolgt durch den Anschlag eines Buchstabens auf der Tastatur keine endgültige Festlegung bezüglich des drucktechnischen Erscheinungsbildes eines Buchstabens. Gespeichert wird auf der einen Seite die Information, um welchen Buchstaben, um welches Zeichen es sich handelt. Alle anderen Informationen wie Schriftart, Schriftgröße, Positionierung innerhalb eines Absatzes etc. werden auf andere Art und Weise gespeichert. Diese Trennung der Informationen erlaubt es auch zu jedem Zeitpunkt, bei Beibehaltung der Information über das zu druckende Zeichen, seine übrigen Eigenschaften zu verändern. Schriftart, -größe, Ausrichtung des Absatzes, Zeilenabstand, Größe des Satzspiegels, Positionierung von Zeichen und Absätzen auf einer Seite, um nur einige der zentralen Gestaltungselemente eines Manuskriptes zu nennen, können vor, während und nach der inhaltlichen Arbeit am Text verändert werden.

Grundsätzlich sind zwei Gruppen von Formatierungen zu unterscheiden: die Zeichen- und die Absatzformatierung. Während sich Zeichenformate ausschließlich auf Abfolgen von Buchstaben und Zeichen beziehen, sind Absatzformate in erster Linie auf die Gestaltung von Absätzen ausgerichtet; letzteren können gleichzeitig aber auch entsprechende Zeicheneigenschaften zugeordnet werden. Wenn in der Folge die beiden Formatierungstypen zunächst getrennt behandelt werden, so geschieht dies aus systematischen Gründen. In den Anwendungsbeispielen wird aber dann deutlich werden, daß es für die Manuskriptgestaltung vor allem auf die sinnvolle Kombination beider Eigenschaften ankommt.

3.2.1 Zeichenformatierung

Die beiden wichtigsten Elemente der Zeichenformatierung sind die Wahl der Schriftart und der Schriftgröße. War in den ersten Jahren der elektronischen Textverarbeitung für die Auswahlmöglichkeiten vor allem die Qualität des Druckers verantwortlich, so sind bei den heute gängigen Druckertypen hier keine wesentlichen Einschränkungen mehr vorhanden. Die Angebotspalette der Schriftarten wird heute wesentlich von den Programmen bestimmt. Dabei beschränkt sich diese Auswahl nicht nur auf die Schriftarten, die mit der Textverarbeitung selbst geliefert werden. Sind auf dem Computer weitere Programme installiert, so werden zusätzliche Schriftarten in aller Regel auch dem Textverarbeitungsprogramm zur Verfügung gestellt. Darüber hinaus können weitere Schriftarten auch eigenständig erworben und installiert werden. Eine generelle Aussage darüber, welche Schriftarten auf einem bestimmten Computer zur Verfügung stehen, kann also nicht getroffen werden. Die Standardausstattung einer Textverarbeitung umfaßt aber die wichtigsten Typen von Schriftarten, so daß zumindest für die Gestaltung von Manuskripten eine ausreichende Auswahl vorhanden ist. Dabei wird in der Folge nur von proportionalen Schriften ausgegangen, d.h. Schriftarten, deren einzelne Buchstaben unterschiedlichen Platz beanspruchen. Schriften einer festen Laufweite, wie sie bei den Schreibmaschinen lange Zeit fast ausschließlich Verwendung fanden, sind im Bereich elektronischer Manuskripte fast vollständig verschwunden, sie werden allenfalls noch zur Erzielung bestimmter Effekte eingesetzt.

Schriftart/Schriftgröße

Neben der weit verbreiteten »Times Roman« sind dies vor allem auch serifenlose Schriftarten wie beispielsweise »Sans Serif«, »Gothic« oder »Arial« sowie Schriften, die etwas schwerer wirken, wie beispielsweise »Bookman« oder »Garamond«. Die Schriften unterscheiden sich nicht nur im Erscheinungsbild sondern auch in der Laufweite, d.h. auf eine Zeile gleicher Breite passen unterschiedlich viele Buchstaben. Allein durch die Wahl einer anderen Schrift – bei gleicher Schriftgröße – können so Unterschiede im Manuskriptumfang von 10-15% auftreten.

Die Wahl einer Schriftart erfolgt durch Anklicken der gewünschten Schrift in einer Auswahlliste (»Format/Zeichen«). Parallel dazu wird die Wahl der Schriftgröße ebenfalls als Auswahlliste angeboten. Die Angabe der Größe erfolgt in Punkten. Als üblicher Wert für ein Manuskript im DIN A4-Format kann die Schriftgröße 12pt angesehen werden. Fußnoten werden dann in der Regel in 10pt geschrieben.

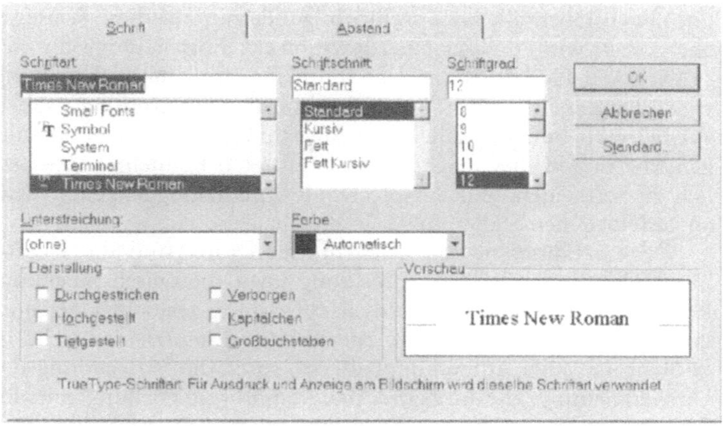

Abbildung 3: Zeichenformatierung

Soll eine Veröffentlichung des Manuskriptes in Buchform erfolgen, so sind die Vorgaben des Verlages zu beachten. Zu den Besonderheiten bei der Ablieferung einer reproduktionsfähigen Vorlage oder einer elektronischen Fassung des Manuskriptes vergleiche auch die Ausführungen auf S. 71ff.

Auszeichnungen
Neben diesen beiden Gestaltungselementen, die für das Erscheinungsbild des Manuskriptes insgesamt von zentraler Bedeutung sind, stehen bei der Zeichenformatierung weitere Optionen zur Verfügung, die allerdings nur bei bestimmten Absätzen oder lediglich bei Zeichenketten oder einzelnen Wörtern zum Einsatz kommen. Neben der Kursivierung und dem Fettdruck sind dies vor allem noch die Kapitälchen und die Großbuchstaben. Alle Elemente können einzeln oder in Kombination miteinander vor allem zur Hervorhebung von Textelementen eingesetzt werden. Während bei der Verwendung von Kapitälchen (die Kleinschreibung wird ebenfalls durch Versalien wiedergegeben; diese weisen jedoch eine leicht verringerte Schriftgröße auf) noch leicht einsichtig ist, daß Text zunächst in normaler Groß-/Kleinschreibung eingegeben werden muß, bevor die Auszeichnung der entsprechenden Zeichenkette erfolgen kann, ist dies bei reiner Großschreibung nicht unmittelbar einsichtig. Aber auch bei einer Hervorhebung durch

Großbuchstaben gilt diese Reihenfolge, da nur auf diese Weise sichergestellt wird, daß bei einer Revision der Entscheidung für diese Form der Hervorhebung eine ›normale‹ Groß-/Kleinschreibung wiederhergestellt werden kann. Die Eingabe von Großbuchstaben zur Hervorhebung ist daher (mit Ausnahme bspw. von Abkürzungen, die nur in dieser Schreibweise auftreten können) grundsätzlich zu vermeiden. Auf entsprechende Einsatzmöglichkeiten wird an verschiedenen Stellen später in diesem Band eingegangen.

Weitere Optionen der Zeichenformatierung sind die Hoch-, bzw. Tiefstellung, die Unterstreichung sowie die Durchstreichung. Haben Verschiebungen in vertikaler Richtung gegenüber der normalen Zeilenhöhe noch ihre spezifischen Einsatzfelder (z.B. in Formeln oder bei Anmerkungsziffern), so ist die Verwendung der Unterstreichung, die in Zeiten der Manuskripterstellung mit der Schreibmaschine noch gängiges Hervorhebungsmittel war, zwischenzeitlich fast vollständig anderen Aufmerksamkeitssignalen gewichen. Für das Durchstreichen von Buchstaben ist im Zusammenhang der Erstellung von Manuskripten für den Druck kein Sinn zu erkennen. Anwendungen ergeben sich allenfalls in philologischen Sonderfällen (z.B. bei der Wiedergabe eines maschinenschriftlichen Manuskriptes oder in Sonderfällen der kritischen Textedition) sowie bei kollektiven Schreibprozessen.

Eine besondere Form der Hervorhebung, die zu Zeiten der Erstellung von Manuskripten mit der Schreibmaschine noch häufig eingesetzt wurde, dann aber wegen der in diesem Punkt unzureichenden Fähigkeiten von Textverarbeitungsprogrammen fast vollständig verschwunden ist, stellt die Sperrung eines oder mehrerer Wörter dar. In den neuesten Programmversionen ist diese Option nunmehr enthalten. Der Grad der Sperrung, d.h. die Breite des Leerraumes, der zwischen die einzelnen Buchstaben eingeschoben wird, wird in Punkten angegeben.

Mit Ausnahme von Spezialfällen bei der graphischen Gestaltung bspw. von Diagrammen, Schaubildern etc., für deren Erstellung in aller Regel aber auf andere, spezialisierte Programme ausgewichen wird, findet dieses Mittel der Hervorhebung in fortlaufenden Texten seine Verwendung heute nur noch zur korrekten Wiedergabe von Zitaten. Eine Imitation des Effektes durch Eingabe von Leerzeichen zwischen den einzelnen Buchstaben ist zu vermeiden, da dieses Vorgehen zu Problemen beim Zeilenumbruch führt. (Der Computer sieht jede Zeichenkette zwischen zwei Leerzeichen als Wort an und nimmt Zeilenumbrüche entsprechend

›unsensibel‹ vor. Nur wenn ein Wort als durchgängige Zeichenkette eingegeben wurde, kann sie im Bedarfsfall korrekt getrennt werden.)

3.2.2 Absatzformatierung

Zu den wesentlichen Gestaltungselementen eines Manuskriptes gehören neben der Wahl von Schriftart und -größe die Festlegung des Zeilenabstandes und die Positionierung der Absätze innerhalb des Satzspiegels. Da diese Festlegungen bezüglich der Seitenränder etc. auch noch nach Fertigstellung des Manuskriptes erfolgen können, bzw. zu jedem späteren Zeitpunkt revidiert werden können und zur Seitengestaltung eine Reihe weiterer, komplexer Elemente gehören, werden diese an späterer Stelle gesondert behandelt (vgl. S. 71ff).

Wie schon eingangs generell erörtert, können auch die Formatierungen bezüglich der Absätze an jeder Stelle und mit Wirkung nur für einen einzelnen Absatz oder für den gerade markierten Textbereich erfolgen; hierfür stellen die Textverarbeitungsprogramme entsprechende Tastaturkürzel oder Buttons zur Verfügung. Eine Reihe weiterer Optionen werden allerdings erst dann angeboten, wenn der entsprechende Punkt in der Menüleiste (»Format/ Absatz«) geöffnet wird.

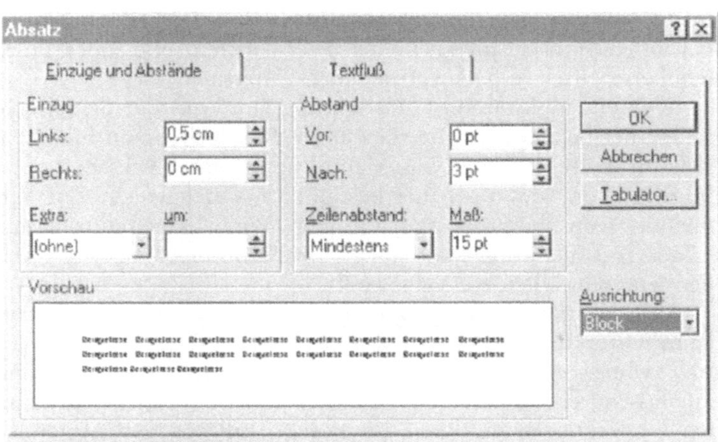

Abbildung 4: Absatzformatierung

Zeilenabstand
Wichtigstes Element der Absatzformatierung ist die Wahl des Zeilenabstandes. Standen bei der Schreibmaschine lediglich die Möglichkeiten einzeilig, anderthalbzeilig oder zweizeilig zur Verfügung, so stehen im Computer beliebige Schritte in der Einheit ›Punkte‹ (pt) zur Verfügung. Aus Gründen der Vergleichbarkeit seien hier die Äquivalente zur Einteilung der Schreibmaschine genannt:

- 12 pt ≅ einzeilig
- 18 pt ≅ anderthalbzeilig
- 24 pt ≅ zweizeilig

Die Wahl eines Zeilenabstandes ist selbstverständlich abhängig von der gewählten Schriftgröße, doch hat sich als Quasi-Norm herausgebildet, daß z.B. bei einer 12-Punkt-Schrift ein Zeilenabstand zwischen einzeilig und anderthalbzeilig gewählt wird. Ein mittlerer, häufig verwandter Wert ist dabei der Zeilenabstand 15pt. Bei der Verwendung anderer Schriftgrößen kann als Faustregel gelten:
Zeilenabstand = Schriftgröße + ¼ der Schriftgröße.

Ausrichtung des Absatzes
Ein weiteres, für den optischen Eindruck des Manuskriptes äußerst wichtiges Gestaltungselement ist die Wahl der sogenannten Ausrichtung des Absatzes. Hier stehen die Optionen »links«, »rechts«, »zentriert« oder »Block« zur Verfügung. Da rechtsbündige Ausrichtung in normalen Textabschnitten kaum einen Sinn macht, sei hier auf eine Erörterung verzichtet. Zentrierungen haben ihren Sinn beispielsweise bei Überschriften, Bild- oder Tabellenüberschriften resp. entsprechenden Untertiteln, etc.

Während linksbündige Ausrichtung zum von der Schreibmaschine her bekannten Flattersatz am rechten Seitenrand führt, hat sich für die Gestaltung von Manuskripten der Blocksatz, wie er immer schon vom Buch her bekannt ist, durchgesetzt. Zur Vermeidung von überproportional großen Wortzwischenräumen sollte der Text allerdings konsequent mit Trennungen versehen werden (zu Trennhilfen etc. vgl. S. 62ff).

Eine zweite Gruppe der optischen Hervorhebung von Absätzen kann unter der Rubrik »zusätzlicher Abstand vom Satzspiegel, bzw. vom vorhergehenden oder nachfolgenden Absatz« zusammenfassend erörtert werden. Im ersten Fall ist von den sogenannten Einrückungen die Rede, im zweiten Fall von den Abständen vor und nach einem Absatz.

Einrückungen
Mit Einrückungen, deren Grad in Zentimetern oder Punkten angegeben werden kann, werden bspw. längere Zitate (vgl. hierzu S. 51ff) vom übrigen Text abgesetzt. Aber auch bei Aufzählungen, Listen, etc. (vgl. hierzu S. 83ff) findet dieses Gestaltungselement seine Verwendung. Die Einrückung kann sowohl am linken Rand wie auch am rechten Rand oder in einer Kombination von beiden erfolgen; sie gilt einheitlich für alle Zeilen eines Absatzes.

Einen Sonderfall stellt die Einrückung der ersten Zeile dar. Im fortlaufenden Text wird auf diese Weise häufig der Beginn eines Absatzes zusätzlich optisch hervorgehoben. In älteren Programmversionen ist dieser Menüpunkt direkt im Absatzformat enthalten, in der neuesten Version kann er unter der Rubrik »Extra« gewählt werden und ein Betrag definiert werden. Der Betrag dieser (nur für die erste Zeile des Absatzes wirksamen) Einrückung beträgt – bei ›normalen‹ Schriftgrößen – ca. 4-5mm.

Eine Besonderheit stellt die Kombination von allgemeiner Einrückung eines Absatzes und die Definition eines negativen Einzuges in der ersten Zeile dar. In diesem Fall wird die Einrückung des gesamten Absatzes in der ersten Zeile nicht zusätzlich verstärkt, sondern in eine Ausrückung der ersten Zeile verkehrt. Beispielsweise Aufzählungszeichen (Ziffern, graphische Symbole oder dergleichen) kommen auf diese Weise vor einem eingerückten Textblock zu stehen.

Haupteinsatzfelder für diese Option sind Listen und Aufzählungen sowie Überschriften. In der neuesten Programmversion wird diese besondere Form auch in Anlehnung an den Fachterminus der Setzersprache als »hängender Einzug« bezeichnet und als eigenständige Option unter der Rubrik »Extra« geführt. Die Definition dieses Druckeffektes über diese Option faßt die Schritte »allgemeiner Einzug für den Absatz« und »negativer Einzug der ersten Zeile« zusammen; die Eingabe eines (positiven) Wertes für den hängenden Einzug ist ausreichend. Gleichzeitig ist die Eingabe eines negativen Wertes für den Einzug der ersten Zeile, wie er in den älteren Programmversionen notwendig und zulässig ist, nicht mehr möglich. Zu detaillierteren Beispielen vgl. die entsprechenden Abschnitte dieses Bandes, insbesondere bei der Behandlung von Überschriftenformaten auf S. 42ff.

Leerräume
Als weiteres Mittel der Hervorhebung von Textteilen gegenüber dem Fließtext können zusätzliche Abstände vor oder nach einem Absatz vereinbart werden. Hat es sich eingebürgert, ›normale‹ Absätze mit einem zusätzlichen Abstand von ca. 3pt (wahlweise als Abstand vor oder nach dem Standardabsatz definiert – eine Definition beider Abstände führt zur Addition der beiden Beträge) optisch voneinander zu trennen, so gewinnt dieses Hervorhebungsmittel seine besondere Bedeutung bei den Überschriften. Gibt es für die Gestaltung eines Manuskriptes mit der Schreibmaschine detaillierte Vorschriften über die Anzahl der Leerzeilen nach einer Überschrift, so gilt für die elektronische Manuskripterstellung, daß Leerzeilen grundsätzlich zu vermeiden sind. Abstände von Überschriften zum vorhergehenden Text ebenso wie zum ersten Absatz werden grundsätzlich durch Definition entsprechender Abstände erzeugt. Probleme beim automatischen Seitenumbruch können auf diese Weise verhindert werden. Zu detaillierteren Erklärungen und Beispielen vgl. die Ausführungen zur Formatvorlage »Überschrift#« auf S. 45ff.

3.2.3 Standard-Formatvorlagen

Für die wichtigsten Fälle der Manuskriptgestaltung sind von den Programmentwicklern bereits Formatvorlagen definiert worden. Mit der Zuordnung eines Absatzes zu einem dieser Standarddruckformate ist zugleich auch eine drucktechnische Auszeichnung verbunden. Die Zuweisung einer Formatvorlage erfolgt durch Auswahl des Formates aus einer Liste, die im oberen Teil des Bildschirms jederzeit leicht geöffnet werden kann; sie erfolgt für den zuvor markierten Textbereich (wichtig vor allem bei Zeichenformaten). Für die Zuweisung eines Absatzformates zu einem einzelnen Absatz ist es ausreichend, daß sich der Cursor im betreffenden Absatz befindet.

Für jede dieser Formatvorlagen gibt es Vorgaben der Programmentwickler (z.B. für Schriftart und -größe, Einrückungen und Abstände, etc.), die aber nicht unbedingt den Normen, die bei der Erstellung von wissenschaftlichen Arbeiten gelten, entsprechen müssen. Diese Vorgaben können und sollten den persönlichen Bedürfnissen angepaßt und für zukünftige Verwendungen gespeichert werden. Somit können spezielle Vorgaben für die Gestaltung eines Manuskriptes, die an einer bestimmten Hochschule, einem Institut aber auch bei einer Zeitschrift oder einem Verlag gefordert sind, berücksichtigt werden. Dem Manuskript kann aber auch ohne jeden manuellen Eingriff, lediglich durch Zuweisung entsprechend anders definierter Formatvorlagen ein anderes Layout zugewiesen werden. Wird also früh mit der sorgfältigen Ausarbeitung entsprechender Formatvorlagen begonnen, so kann die hier investierte Arbeit sukzessive verfeinert und für die Gestaltung immer umfangreicherer Manuskripte herangezogen werden. Selbstverständlich ist die Ergänzung um Besonderheiten, die nur in einem bestimmten Manuskript erforderlich sind, jederzeit möglich; ebenso das punktuelle Abweichen von den selbsterarbeiteten Normen im begründeten Einzelfall.

Die Speicherung eigener Layoutvorgaben kann entweder global erfolgen oder begrenzt für einen speziellen Dokumenttyp. Hierfür stehen sogenannte Dokumentvorlagen zur Verfügung. Zur Erstellung eigener Dokumentvorlagen vgl. die Ausführungen auf S. 100ff.

Formatvorlagen sind Objekte im Sinne der objektorientierten Programmierung, die bestimmte Eigenschaften an ihre ›Abkömmlinge‹ vererben können. Den Nachfahren werden dann lediglich zusätzliche Eigenschaften verliehen, die Eigenschaften des ›Vorfahren‹ bleiben erhalten. Bei der Erstellung eigener Formatvorlagen muß daher darauf geachtet werden, daß dieses subtile Gefüge nicht gestört wird. Sowohl bei der Erstellung eigener Formatvorlagen wie bei der Veränderung bereits vorhandener, kann hierzu in der Rubrik »basiert auf« der Bezug zur ›Elterngeneration‹ definiert, bzw. – anders als in der Natur – auch nachträglich verändert werden (vgl. hierzu ausführlicher S. 51ff).

Formatvorlage »Standard«(absatz)

Für jedes Dokument steht die Formatvorlage »Standard«(absatz) zur Verfügung. Solange in einem Dokument einem Absatz kein anderes Druckformat zugewiesen wird, ist automatisch diese Formatvorlage zugewiesen; es gelten die für diesen Absatz definierten Eigenschaften. Dies bezieht sich insbesondere auf die Schriftart, die Schriftgröße und die definierten Einzüge und Abstände. Da die verschiedenen Formatvorlagen in der Regel aufeinander aufbauen, sich zumeist letztlich auf die Einstellungen in der Formatvorlage »Standard« beziehen, wirken sich Veränderungen bspw. der Schriftart in diesem Format darüber hinaus auf das gesamte Manuskript aus.

Sind die Vorgaben des Druckformates Standard für das jeweilige Manuskript nicht passend, so sollte in einem ersten Schritt die Anpassung an die eigenen Bedürfnisse erfolgen.

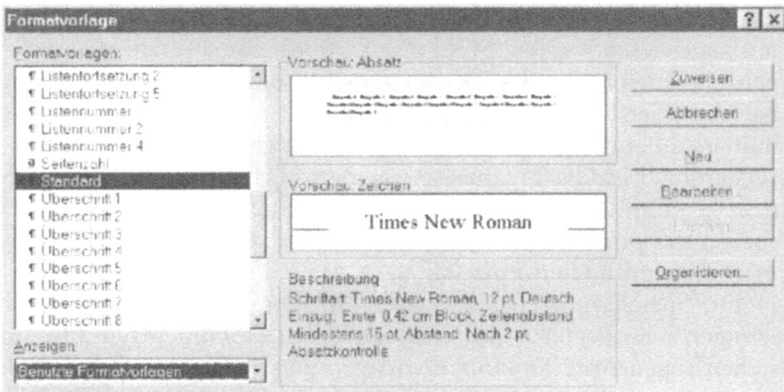

Abbildung 5: Formatvorlage bearbeiten

Hierzu wird im Menüpunkt »Format/Formatvorlage« die betreffende Formatvorlage ausgewählt und die Schaltfläche »Bearbeiten« aktiviert. Es stehen nunmehr die verschiedenen Möglichkeiten der Absatzformatierung, insbesondere also auch »Zeichen« und »Absatz« zur Verfügung. Diese Änderungen können zwar zu jedem beliebigen Zeitpunkt der Textbearbeitung erfolgen, es empfiehlt sich allerdings, diese Festlegung zu einem möglichst frühen Zeitpunkt der Manuskripterstellung vorzunehmen.

Für den Fall, daß eine wissenschaftliche Arbeit zunächst ›normal‹ eingereicht werden soll, später dann aber eine Publikation als Buch erfolgt, ist diese Möglichkeit der globalen Veränderung von besonderer Bedeutung. Zu den weiteren Unterschieden zwischen der Erstellung einer Arbeit zur Einreichung bspw. an einer Universität und der Publikation in einem Verlag vgl. die späteren Ausführung auf S. 67ff.

Formtvorlage »Überschrift«

Im Zusammenhang mit dem Übergang von der Stoffsammlung zur Gliederung wurde schon auf eine besonders wichtige Standard-Formatvorlage hingewiesen, die sogenannten »Gliederungs-, resp. Überschriftenebenen«. Im dortigen Zusammenhang wurde zunächst nur auf die Einsatzmöglichkeiten bei der inhaltlichen Strukturierung von Manuskripten eingegangen. Die Bezeichnung der Formatvorlage als »Überschrift#« zeigt aber schon an, daß hier auch ein graphisches Element der Textstrukturierung mit angesprochen ist.

Überschriften werden gegenüber dem fortlaufenden Text durch entsprechende Mittel der Auszeichnung hervorgehoben. Zu diesen zählen insbesondere eine größere Schriftgröße, ausschließliche Verwendung von Versalien (Großbuchstaben) oder Kapitälchen, evtl. Fettdruck oder Kursivierung. Gleichzeitig werden Überschriften vom Fließtext durch einen Abstand abgehoben.

Die Standardvorgaben der Programme sind in diesem Falle in der Regel nicht sehr hilfreich, zumal nicht grundsätzlich feststeht, in welcher Form die Zählung der verschiedenen Überschriftenebenen erfolgen soll. Auf die verschiedenen Möglichkeiten der Zählung wird weiter unten eingegangen.

Als Grundregel für die Auswahl der Hervorhebungsmittel sollte gelten, daß der Unterschied zum übrigen Manuskript nicht zu groß werden sollte. Bei einer Schriftgröße von 12pt im Standardabsatz sollten Abschnitts- oder Kapitelüberschriften, d.h. Überschriften der Ebene 1 nicht größer als 16pt oder maximal 18pt gewählt werden. Ob gleichzeitig Versalien oder Kapitälchen gewählt werden, hängt nicht zuletzt auch von der Länge der Überschriften ab; eine Aufteilung der Überschrift auf mehrere Zeilen sollte dabei in aller Regel vermieden werden. In jedem Fall wird man auf der obersten Ebene eine Hervorhebung durch Fettdruck verwenden.

Mit zunehmender Tiefe der Überschriften werden die Mittel zur Hervorhebung reduziert. Zunächst wird man die Schriftgröße reduzieren, danach auf Versalien und Kapitälchen verzichten, zuletzt auf den Fettdruck. Auf der untersten Ebene findet sich häufig dann lediglich eine Kursivierung.

Aus dieser Abstufung ergeben sich umgekehrt aber auch Konsequenzen für die Wahl der Auszeichnungsmittel insgesamt. Wenn man davon ausgeht, daß auf jeder tieferen Ebene eine Reduzierung der Hervorhebungssignale erfolgt, so bestimmt die Tiefe der Gliederung mit über Hervorhebungen der obersten Ebene.

Werden bspw. nur drei oder vier Gliederungsebenen verwandt, so kann es genügen, auf der obersten Ebene Kapitälchen in 16pt und Fettdruck zu verwenden, auf der zweiten Ebene 14pt und Fettdruck, auf der dritten Ebene normale Schriftgröße (12pt) und Fettdruck und auf der vierten Ebene normale Schriftgröße und Kursivierung.

Ähnliche Überlegungen gelten für die Wahl der Abstände zum folgenden Text. Dabei kann als Anhaltspunkt gelten, daß der zusätzlich zum normalen Zeilenabstand zu wählende Abstand zum Text (= Absatzendeabstand des Formats »Überschrift#«) mindestens das Einfache der Schriftgröße der entsprechenden Überschrift betragen sollte, maximal jedoch das Doppelte.

Bei der Definition der Eigenschaften von Überschriften ergeben sich auf den unterschiedlichen Hierarchieebenen aber noch zusätzliche Probleme:

- Abschnitts- oder Kapitelüberschriften sollten grundsätzlich auf einer neuen Seite zu stehen kommen.

Damit die Kontrolle über die Einhaltung dieser Regel nicht am Ende der Manuskripterstellung von Hand erfolgen muß, kann die Beachtung dieser Regel bei der Definition des Überschriftenformates erzwungen werden. So steht bei der Absatzformatierung die zusätzliche Option »Textfluß« zur Verfügung: Hier kann als Auswahlentscheidung »Seitenwechsel oberhalb« gewählt werden. Soll dagegen zusätzlich erzwungen werden, daß der folgende Teil des Manuskriptes grundsätzlich nur auf einer ungeraden Textseite beginnen darf, so muß von anderen Optionen der Textverarbeitung Gebrauch gemacht werden (vgl. hierzu die Ausführungen zum Gesamtlayout des Manuskriptes auf S. 67ff).

Bei Überschriften tieferer Ebenen kommt dagegen ein anderer Problemkomplex in den Blick.

- Überschriften, die nicht am oberen Seitenrand beginnen, sollten durch zusätzlichen Abstand zum vorhergehenden Fließtext hervorgehoben werden.

Hier hat sich als Richtwert herausgebildet, daß der Abstand in etwa der doppelten Schriftgröße der Überschrift entsprechen sollte. Wichtiger ist aber noch ein zweiter Problemkomplex.

- In schlecht umbrochenen Manuskripten kann es vorkommen, daß am Ende einer Seite lediglich eine Überschrift erscheint, der zugehörige Text dann aber auf der nächsten Seite beginnt.

Auch hier kann wieder bei der Absatzformatierung des betreffenden Überschriftenformats die Option »Absätze nicht trennen« des Menüpunktes »Textfluß« Abhilfe schaffen. Überschrift und erster Absatz des zugehörigen Textes werden niemals durch einen Seitenumbruch getrennt.

Überschriftenzählung

Ein dritter Gestaltungskomplex hängt mit der Zählung der Überschriften zusammen. Zählungen sollten niemals manuell erfolgen, damit sowohl die Art der Zählung problemlos revidiert werden kann als auch eine ständige Aktualisierung bei Verschiebung von Teilen der Arbeit, bei Veränderungen in der Hierarchie der Überschriften oder beim Streichen bzw. Einfügen von Überschriften erfolgen kann.

Die Numerierung der Überschriften muß einmal ausdrücklich veranlaßt werden; hierfür steht ein eigener Menüpunkt »Format/ Überschriften numerieren« zur Verfügung. Bei Aktivierung dieser Option werden einige Standardformen sowohl für die Zählung als auch die Gestaltung der Überschriftenzeilen als Auswahloptionen angeboten.

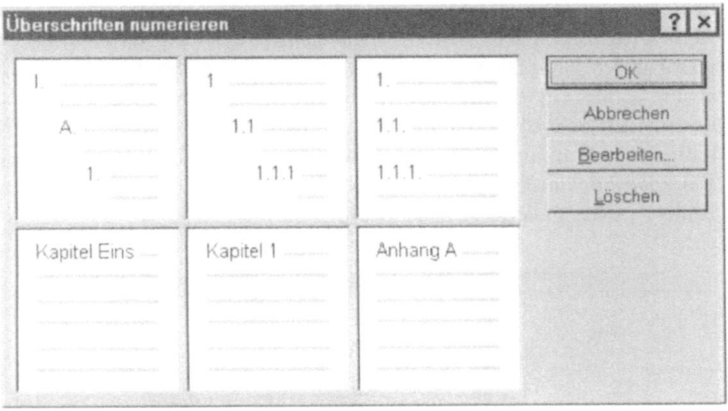

Abbildung 6: Überschriftenzählung

Als zwei grundsätzliche Systeme stehen sich hier die Dezimalzählung, die pro Überschriftenebene eine neue Zählung in arabischen Ziffern – abgetrennt von der höheren Ebene durch einen Punkt – beginnt und die Zählung mit einer Kombination von römischen Ziffern, Buchstaben und arabischen Ziffern gegenüber.

Während bei der Dezimalzählung die Länge der Zählelemente pro Ebene ständig zunimmt – dafür aber auf jeder Unterebene direkt deutlich wird, zu welchen übergeordneten Ebenen diese gehört – wird beim zweiten System pro Ebene nur das jeweilige Zählelement aufgeführt. Da die Zählung pro Unterordnung jeweils neu beginnt, tauchen in einer größeren Arbeit daher auch mehrere Überschriften auf, die bspw. mit arabischen Ziffern gezählt werden.

Im wissenschaftlichen Bereich hat sich heute weitgehend die Dezimalzählung durchgesetzt, daher wird in der Folge primär auf die damit verbundenen Gestaltungsprobleme eingegangen; für das gemischte System gelten die Problembereiche und Lösungen jedoch in Analogie.

In der neuesten Programmversion werden neben der Auswahl für ein bestimmtes Zählsystem auch Standardlösungen für die Anordnung von Zählelementen und Überschriftentext angeboten. Diese unterscheiden sich vor allem darin, daß entweder auf jeder Hierarchieebene mit der Zählung am linken Rand des Satzspiegels begonnen wird oder pro Ebene ein zusätzlicher Absatzeinzug definiert wird. Der zweite Unterschied betrifft den Fall, daß der Überschriftentext sich über mehr als eine Zeile erstreckt. Hier kann die zweite Zeile entweder ohne Einrückung beginnen, d.h. der Text kommt unter das Zählelement zu stehen, oder es kann mit einem hängenden Einzug operiert werden; in diesem Fall erscheint das Zählelement ausgerückt und die Textzeilen beginnen auf allen Zeilen an der gleichen Position.

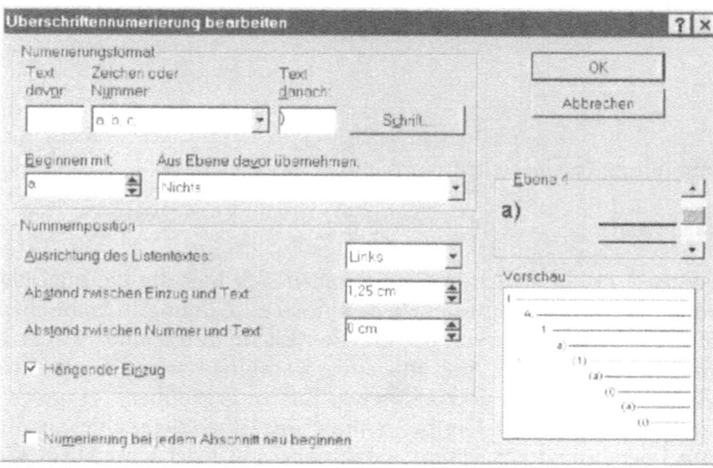

Abbildung 7: Eigene Version der Numerierung

Es empfiehlt sich, die den eigenen Vorstellungen am nächsten liegende Version auszuwählen und dann von der gleichzeitig angebotenen Option zur Bearbeitung derselben Gebrauch zu machen.

Hier können für jede Ebene einzeln sowohl der Betrag einer eventuellen Einrückung, der Abstand des Textes vom Zählelement als auch – und dies ist insbesondere bei der Entscheidung für die Variante »Buchstaben und Ziffern« von besonderem Interesse – die Wahl des Zählelementes (große oder kleine römische Ziffern, Groß- oder Kleinbuchstaben oder arabische Ziffern) sowie die Verwendung von zusätzlichen Zeichen vor und/oder nach dem Zählelement erfolgen.

In älteren Versionen entfallen diese Wahlmöglichkeiten; hier können die entsprechenden Gestaltungsvarianten aber durch Definitionen im jeweiligen Druckformat erzeugt werden. Einrückungen und Definition eines negativen Einzuges in der ersten Zeile zur Erzeugung einer Ausrückung (»hängender Einzug«) wurden ja bereits bei der Behandlung der Absatzformatierung diskutiert (vgl. S. 39). Damit steht das wesentliche Instrumentarium dafür zur Verfügung, daß die Zählelemente vor dem Überschriftentext ausgerückt erscheinen.

Nicht gelöst ist aber das Problem einer exakten Positionierung des Überschriftentextes für den Fall, daß sich dieser über mehr als eine Zeile erstreckt. Hier schafft die Positionierung eines Tabulatorsprungs Abhilfe, die an der Stelle erfolgen muß, an der der Text der zweiten Zeile beginnen wird.

Wird z.B. ein Freiraum von z.B. 1,5cm für das Zählelement vorgesehen (hängender Einzug von 1,5cm), muß ein Tabulator auf die Position 1,5cm gesetzt und nach dem Zählelement ein Tabulatorsprung mittels der Tastatur eingegeben werden.

Fußnoten

Den Fußnoten kommt in einer wissenschaftlichen Arbeit eine wichtige Rolle zu: Zum einen dienen sie dazu, die Belegangaben zu im Text zitierten oder erwähnten Aufsätzen, Büchern, etc. aufzunehmen. Zum anderen können aber auch weiterführende Gedanken und Ansätze, die den Argumentationsgang des fortlaufenden Textes stören würden, hier zumindest angesprochen werden. Darüber hinaus werden in den Fußnoten häufig Hinweise auf weiterführende Literatur zum im Text angesprochenen Aspekt gegeben. (Für die Regeln zum Zitieren von Literatur sei auf die allgemeinen Ausführungen auf S. 10ff verwiesen; im jetzigen Zusammenhang sei lediglich auf mögliche Besonderheiten der Zitierung in den Fußnoten eingegangen.)

Für die Erstellung der Fußnoten steht ein eigener Button zur Verfügung; es kann aber auch von der Menüoption »Einfügen/ Fußnote« Gebrauch gemacht werden. Im fortlaufenden Text wird sodann die entsprechende Fußnotenziffer eingefügt und der Cursor automatisch im Fußnotenbereich positioniert. Auch dort ist die entsprechende Fußnotenziffer bereits automatisch eingefügt. Der Text der Fußnote kann unmittelbar eingegeben werden. Ein Doppelklick auf die Fußnotenziffer bringt den Cursor anschließend an die betreffende Stelle im fortlaufenden Text zurück.

Bei der Erstellung einer Fußnote mittels der Menüoption können mittels der Optionen weitere Einstellungen, insbesondere zur Art der Zählung, aber auch zum verwendeten Fußnotenzeichen vorgenommen werden.

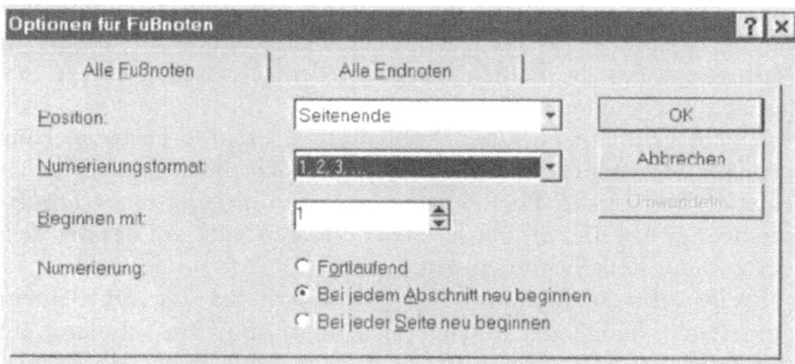

Abbildung 8: Optionen für Fußnoten

So kann bspw. eine durchgängige Zählung für das gesamte Manuskript, eine pro Kapitel neu einsetzende Zählung oder eine Zählung pro Seite definiert werden. Der Regelfall ist dabei die durchgängige Zählung; nur bei umfangreichen Manuskripten (Büchern) wird teilweise von der Zählung pro Kapitel Gebrauch gemacht. Die Zählung pro Seite ist dagegen eher als ein Relikt aus den Zeiten der Manuskripterstellung mit der Schreibmaschine anzusehen.

Die Fußnoten werden in aller Regel auf der selben Seite, auf der sich die Fußnotenziffer im Manuskripttext befindet, im unteren Teil des Satzspiegels positioniert. Zur Unterscheidung vom

Fließtext wird der Bereich der Fußnoten durch einen automatisch eingefügten kurzen Strich abgetrennt. In Ausnahmefällen – wenn die Fußnote sehr viel Text enthält und eine Verschiebung auf die nächste Seite zu unschönen Lücken auf der ursprünglichen Seite führen würde – erfolgt eine Fortsetzung der Fußnote auf der nächsten Seite. Diese Aufspaltung der Fußnote erfolgt automatisch und kann vom Autor nicht beeinflußt werden (Ausnahme: inhaltliche, d.h. vor allem quantitative Veränderungen des Fußnotentextes oder Veränderung der Position des Fußnotenzeichens im Fließtext).

Insbesondere bei Beiträgen in Sammelbänden oder bei Aufsätzen in Zeitschriften werden Fußnoten aber auch gesammelt am Ende des Beitrags wiedergegeben. Diese Definition erfolgt ebenfalls innerhalb der Fußnoten-Option; in diesem Fall werden diese als Endnoten bezeichnet.

Wird die Entscheidung bspw. für die Form von Endnoten erst später getroffen, d.h. wenn das Manuskript bereits Fußnoten enthält, so können diese leicht umgewandelt werden. (Positionierung des Cursors auf ein Fußnotenzeichen und Klicken der rechten Maustaste: Es steht eine spezielle Umwandlungsoption zur Verfügung. Diese Umwandlungsfunktion steht analog auch für die umgekehrte Konvertierung zur Verfügung.)

Die Zählung der Fußnoten erfolgt automatisch, d.h. unabhängig davon, ob schon Fußnoten vor oder hinter der betreffenden Textstelle im Manuskript enthalten sind, wird sowohl die aktuell richtige Fußnotenziffer eingefügt, als auch eine Aktualisierung aller anderen Fußnotenziffern vorgenommen. Diese automatische Aktualisierung findet darüber hinaus nicht nur beim Einfügen, sondern auch beim Löschen oder Verschieben von Fußnotenziffern statt.

Wird eine Fußnotenziffer im Fließtext gelöscht, so wird gleichzeitig der gesamte Text der Fußnote entfernt. In Analogie wird bei einer Verschiebung der Fußnotenziffer der gesamte Fußnotentext ebenfalls verschoben und gegebenenfalls ein neuer Seitenumbruch durchgeführt.

Aufgrund dieser weitgehend ausgereiften Fußnotenfunktion kann sich der Autor, die Autorin ausschließlich auf die inhaltlichen Aspekte der Fußnotenerstellung konzentrieren.

Zur Vereinfachung bei der Zitation von Literatur innerhalb der Fußnoten wird in den letzten Jahren – abweichend von den Zitierregeln (vgl. S. 10ff) – verstärkt von verkürzten Literaturangaben

Gebrauch gemacht. Hierbei wird jeweils lediglich ein Bezug auf die vollständigen Angaben im Literaturverzeichnis vorgenommen. Diese, aus dem anglo-amerikanischen Raum stammende Zitierweise, erfreut sich in den letzten Jahren einer zunehmenden Beliebtheit. Sie bietet insbesondere dann Vorteile, wenn in den Fußnoten oder auch im fortlaufenden Text des Manuskriptes lediglich global auf entsprechende Publikationen verwiesen werden soll. Hierbei wird die Jahresangabe der Publikation hinter den Autornamen gezogen, Titel-, Orts- und Verlagsangabe entfallen (vgl. hierzu die Beispiele in diesem Band). Sind in der Bibliographie vom gleichen Autor mehrere Titel mit identischer Jahresangabe enthalten, so werden diese durch einen der Jahreszahl angehängten Buchstaben unterschieden (z.B.: Müller 1995a, Schmidt 1996b).

Wird auf eine bestimmte Stelle in der referierten Literatur Bezug genommen, bspw. zum Nachweis eines bestimmten Zitates, so wird der Kurzangabe die Seitenangabe hinzugefügt (z.B.: Bangen 1990, S. 7, Kaiser 1996, S. 127ff).

Insbesondere in naturwissenschaftlichen, aber z.B. auch in sozialwissenschaftlichen Arbeiten bürgert es sich zunehmend ein, ganz auf Fußnoten dann zu verzichten, wenn sie lediglich Nachweis- oder Hinweischarakter im eben beschriebenen Sinne haben. Hier wird dann die betreffende Angabe im Fließtext in Klammern eingefügt. Alle anderen Regeln gelten aber fort.

Formatvorlage »Fußnotentext bzw. -zeichen«

Bei den Formatvorlagen wird zwar zwischen dem »Fußnotentext« und dem »Fußnotenzeichen« unterschieden, da bei der Verwendung von Fußnoten immer jedoch beide gleichzeitig auftreten, werden sie hier gemeinsam behandelt.

Das Fußnotenzeichen wird sowohl im fortlaufenden Text als auch im Fußnotenbereich eingefügt. Als Fußnotenzeichen ist standardmäßig eine Ziffer definiert, sie ist hochgestellt. An dieser Einstellung sollten keine Änderungen vorgenommen werden.

Der »Fußnotentext« ist als Absatz mit hängendem Einzug definiert. Der Betrag des hängenden Einzuges sollte so gewählt werden, daß er auch bei mehrzifferigen Fußnotenzeichen ausreichend ist. Damit ist der Betrag des Einzuges u.a. von der Länge des Textes und der Häufigkeit der Fußnoten abhängig. Wie bereits allgemein diskutiert, muß ein Tabulator auf die dem Betrag des Einzuges entsprechende Position gesetzt werden. Zwischen Fußnotenzeichen und dem Textanfang des Fußnotentextes wird ein Tabulatorsprung eingefügt, so daß die Ziffer isoliert vor den eigentlichen Text der Fußnote zu stehen kommt.

Die Schriftgröße des Fußnotentextes wie des Fußnotenzeichens wird in der Regel um einen Grad (2pt) kleiner als die Standardschriftart des Fließtextes gewählt.

Mit den Formatvorlagen »Standard«(absatz), »Überschrift#« und »Fußnoten(zeichen, resp. -text«) stehen die wesentlichen Mittel zur Gestaltung eines Manuskriptes zur Verfügung. Auf weitere standardmäßig zur Verfügung gestellte Formatvorlagen wird im Zusammenhang des Gesamtlayouts eines Manuskriptes noch im Detail eingegangen.

3.2.4 Benutzerdefinierte Formate

Für die wichtigsten Fälle der Manuskriptgestaltung stehen Standardformatvorlagen zur Verfügung. Es gibt aber auch eine Reihe von Fällen bei wissenschaftlichen Manuskripten, für die keine Standardvorlagen vorhanden sind. Grundsätzlich gilt, daß beliebige Formate vom Autor/ von der Autorin selbst erstellt werden können. Auch sie haben dann die bei den Standardformatvorlagen beschriebenen Vorteile, daß Änderungen zentral an einer Stelle vorgenommen werden können, wenn auch die automatisierte Weiterverarbeitung dieser Formate nur eingeschränkt möglich ist. Eine besondere Rechtfertigung erhalten eigene Formatvorlagen zusätzlich vor dem Hintergrund, daß diese in Dokumentvorlagen gesammelt werden können und zu einem späteren Zeitpunkt und in anderen Manuskripten Verwendung finden können (vgl. hierzu S. 100ff).

Es können auch hier wieder zwei Typen von Formatvorlagen unterschieden werden, die Absatzformate und die Zeichenformate. Mögliche Anwendungsbeispiele sind für Absatzformate die Darstellung längerer Zitate und Literaturangaben sowie für die Zeichenformate die Darstellung von Autorennamen im fortlaufenden Text, die Darstellung kurzer Zitate im Text oder in Fußnoten, sowie Angaben von Buchtiteln, zentralen Begriffen, usw.

Hervorhebung von Zitaten

Es ist üblich, längere Zitate – in der Regel sind dies Zitate, die mehr als drei Zeilen umfassen – in einer Arbeit gesondert hervorzuheben. Als Mittel der Hervorhebung werden dabei üblicherweise eingesetzt:

- Einrückungen
- Abstand zum fortlaufenden Text
- kleinere Schriftart

Diese Mittel der Hervorhebung können in einem einzelnen Druckformat zusammengefaßt werden. Zur Anlage einer benutzerdefinierten Formates wird zunächst – wie schon von der Bearbeitung vorhandener Formatvorlagen bekannt – die Option »Format/Formatvorlage« aufgerufen (vgl. Abbildung 5 auf S. 42). Anstatt nun aber ein vorhandenes Format auszuwählen und dieses zu bearbeiten wird die Option »Neu« aufgerufen.

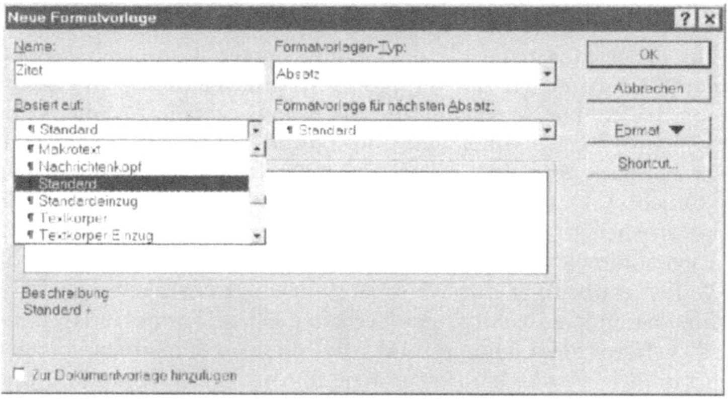

Abbildung 9: Benutzerdefinierte Formatvorlage

In das entsprechende Fenster kann nun ein Name für das Format eingegeben werden, der natürlich nicht mit einem der Standardformatvorlagen identisch sein darf. Die Vorgabe (»Absatz«) im Fenster «Formatvorlagen-Typ« braucht in diesem Fall nicht verändert werden.

Wichtig ist die Auswahlrubrik »Basierend auf«: Hier kann jede bisher schon vorhandene Formatvorlage (Standard- und benutzerdefiniert) ausgewählt werden. Dem in seinen Eigenschaften noch zu definierenden Format sind damit als Vorgaben nun sämtliche Eigenschaften der Vorlage zugewiesen. (In der Programmiertechnik der objektorientierten Programmiersprachen spricht man daher auch von der ›Vererbung‹ von Eigenschaften.)

Werden zu einem späteren Zeitpunkt die Eigenschaften des Basisformates geändert, so werden die Eigenschaften, die unverändert übernommen wurden, automatisch auf alle abhängigen Formate übertragen.

Stimmt das als Vorlage dienende Format weitgehend mit dem zu definierenden überein, so müssen bei der folgenden Bearbeitung lediglich noch die Abweichungen zur Vorlage definiert werden. Nach erfolgter Definition erscheinen die zusätzlichen Eigenschaften im Fenster »Beschreibung«.

Müssen also in einem Manuskript eine Reihe ähnlicher Formate selbst definiert werden, so sollte zunächst ein Format erstellt werden, das alle gemeinsamen Eigenschaften besitzt, und erst dann sollten die weiteren Formate auf dieser Basis mit ihren Abweichungen definiert werden.

Im gewählten Beispiel eines längeren Zitates im fortlaufenden Text ist kein ähnliches Druckformat vorhanden; es basiert daher auf dem Format »Standard«.

Hervorgehobene Zitate werden um 0,5–1cm an beiden Seiten eingerückt. Es wird also die Option »Format« gewählt und es stehen nun die üblichen Kategorien zur Formatierung eines Absatzes – insbesondere »Absatz« und »Zeichen« zur Verfügung. Die gewünschten Einrückungen können somit festgelegt werden. Der exakte Betrag der Einrückung ist immer auch von der im Manuskript insgesamt gewählten Schriftgröße abhängig.

Die Schriftgröße in Zitaten wird in aller Regel um einen Schriftgrad (2pt) kleiner als die Standardschriftart des Manuskriptes gewählt: Bei einer Schriftgröße von 12pt für das Manuskript also 10pt; der Zeilenabstand wird analog verringert.

Auch in vertikaler Richtung wird das Zitat vom Text des Manuskriptes abgehoben; dies geschieht durch Definition der Abstände vor resp. nach dem Absatz. Der Betrag des vertikalen Abstandes muß in einem harmonischen Verhältnis zur Einrückung stehen. Der Abstand sollte 6pt nicht unterschreiten und wird 18pt in aller Regel nicht überschreiten.

Bevor der Definitionsprozeß durch Betätigen des »OK«-Buttons abgeschlossen wird, sollte man sich noch Gedanken über die ›Umgebung‹ der neuen Formatvorlage machen. Man muß sich die Frage stellen, welche Sorte von Text in aller Regel auf diesen Absatz folgen wird. Im Falle eines Zitates wird dies fortlaufender Manuskripttext sein; in der Rubrik »Formatvorlage für den folgenden Absatz« wird demnach das Format »Standard« auswählen. Bei anderen benutzerdefinierten Absatzformaten mag diese Entscheidung anders ausfallen.

Benutzerdefinierte Formate erscheinen nach ihrer Definition neben den Standardformaten in allen entsprechenden Auswahllisten, insbesondere auch im Auswahlfenster der sog. »Formatleiste«; damit können diese Formate dann auf dem üblichen Wege den betreffenden Textabschnitten zugewiesen werden.

Ein gewisses Problem stellt bei einer derartigen Absatzformatierung die Wiedergabe eines Zitates dar, das in sich Absätze enthält. Wird nämlich während der Eingabe des Zitates entsprechend der Vorlage eine Absatzmarke eingegeben, so werden gleichzeitig auch die definierten Anfangs- bzw. Endeabstände wirksam; dies führt zu einem nicht erwünschten Druckbild. Hier kann dadurch Abhilfe geschaffen werden, daß Absätze innerhalb des Zitates lediglich durch Zeilenschaltungen (Eingabe der Absatzmarke [return] bei gedrückter Großschreibungstaste) kenntlich gemacht werden. Wurde für das Zitat-Format Blocksatz definiert, so muß allerdings vor der Absatzmarke zusätzlich noch ein Tabulatorsprung eingegeben werden. Ohne dieses zusätzliche Zeichen wird das gesamte Wortmaterial der letzten Zeile auf die gesamte Breite des Absatzes ausgedehnt, der erwünschte optische Eindruck eines Absatzes somit nicht erreicht.

Für die Kennzeichnung von sehr kurzen Zitaten im fortlaufenden Text ergeben sich zwei Möglichkeiten: Zitate können in Anführungszeichen eingeschlossen werden. Diese Form der Kennzeichnung ist auch schon von den Manuskripten, die mit einer Schreibmaschine erstellt wurden, her bekannt; diese Form findet auch heute noch Verwendung. Konkurrierend dazu oder als zusätzliche Hervorhebung werden Zitate zunehmend auch kursiv gesetzt.

Da Zitate im fortlaufenden Text in der gleichen Schriftart und -größe wie der Fließtext erscheinen, empfiehlt es sich, als ›Basis-Format‹ die Standard-Schriftart zu wählen; damit liegt auch die Schriftgröße bereits fest und es muß lediglich die Kursivierung festgelegt werden (zu den Besonderheiten bei der Definition von »Zeichenformaten« vgl. die folgenden Ausführungen zu Autornamen, Buchtiteln, etc.).

Aber auch in Fußnoten können Zitate verwandt werden. Da Fußnoten in aller Regel in einer kleineren Schriftgröße als der fortlaufende Text gesetzt werden, muß für diesen Anwendungsfall ein eigenes Format erstellt werden, das sich lediglich in der Schriftgröße vom zuvor definierten unterscheidet.

Literaturangaben in Bibliographien
Ein weiteres, ebenfalls in jeder Arbeit erforderliches Beispiel für ein benutzerdefiniertes Absatzformat ist die Literaturangabe in einer Bibliographie. (Zu den inhaltlichen Anforderungen an Literaturangaben vgl. S. 10ff). Grundsätzlich wird jedes Buch, jeder Aufsatz in einem eigenen Absatz wiedergegeben (zu den Anordnungsprinzipien vgl. die Ausführungen auf S. 125ff). Zur Steigerung der Lesbarkeit werden die einzelnen bibliographischen Angaben sowohl durch vertikale Zwischenräume, als auch durch einen hängenden Einzug hervorgehoben. Dies gilt unabhängig davon, ob die einzelnen Titel mit einem Zählelement versehen sind oder lediglich alphabetisch (resp. einem anderen Ordnungskriterium folgend) angeordnet sind.

Es bietet sich von daher an, als ›Basisformat‹ für die eigene Definition eines der Formate der Gruppe »Liste« zu wählen. Grundsätzlich wäre es zwar auch möglich, direkt eines dieser Formate den eigenen Vorstellungen anzupassen; dann stünde dieses Format aber nicht mehr für allgemeine Listen an anderer Stelle des Manuskriptes zur Verfügung.

Der Betrag des Abstandes vor bzw. nach dem Absatz sollte sich an dem gewählten Abstand zwischen den Standardabsätzen orientieren; er ist ebenfalls von der gewählten Schriftgröße abhängig. Bei ›normaler‹ Schriftgröße sollte er sich zwischen 3pt und 6pt bewegen.

Die Größe des »hängenden Einzuges« hängt u.a. von der Art der Anordnung und hier insbesondere von der Entscheidung ab, ob ein Zählelement benutzt wird oder nicht. Wurde eine Zählung eingeführt, so muß man sich bei der Definition des Einrückungsbetrages am Platzbedarf der größten Ziffer orientieren. Hier ist nicht zwangsläufig der höchste Zahlenwert ausschlaggebend, da bei proportionalen Schriften auch niedrigere Zahlen einen höheren Platzbedarf haben können. Insgesamt entscheidend für die Einrückung ist somit neben der Gesamtanzahl der Titel auch die Entscheidung bspw. für eine Gruppierung mit jeweils neu einsetzender Zählung.

Wird keine Zählung vorgenommen, wird dennoch die erste Zeile ausgerückt; hierdurch wird die Aufmerksamkeit des Lesers/

der Leserin auf den Autornamen gelenkt. Der Grad des hängenden Einzuges sollte in diesem Fall nicht sehr groß sein, er bewegt sich in der Regel zwischen 0,5cm und 1cm.

Eine Besonderheit ergibt sich dann, wenn – wie bei mehreren Titeln eines Autors – in aufeinander folgenden Literaturangaben bei der zweiten und jeden weiteren Nennung keine Autorangabe mehr erfolgt. In diesem Fall werden die ›Folgetitel‹ durch Spiegelstriche gekennzeichnet. Zusätzlich werden diese Angaben gegenüber dem linken Rand des Satzspiegels eingerückt. Diese Einrükkung sollte kleiner sein als der Betrag des hängenden Einzuges in der ›normalen‹ Literaturangabe. Gleichzeitig wird aber ebenfalls mit einem hängenden Einzug operiert, so daß in allen Fällen die Einrückungen ab der zweiten Zeile identisch sind.

Zu weiteren Hervorhebungsmöglichkeiten innerhalb von bibliographischen Angaben vgl. bspw. die Ausführungen zu Buchtiteln im Rahmen der folgenden Ausführungen zu den Zeichenformaten.

Über die beiden angeführten Beispiele hinaus können natürlich für jeden besonderen Fall der Formatierung weitere Formate erstellt werden. Der Aufwand für deren Erstellung ist schon dann gerechtfertigt, wenn innerhalb eines Manuskriptes mehrfach von dieser Formatierung Gebrauch gemacht werden soll.

Zeichenformate: Autornamen, Buchtitel, etc.

Häufig benötigte Anwendungsfälle für selbsterstellte Zeichenformate sind die bereits erwähnten kurzen Zitate im fortlaufenden Text, aber auch Autornamen, Buchtitel (im engen Sinne), ›wichtige‹ Begriffe, die im Text hervorgehoben werden sollen, usw.

Für die Erstellung eines eigenen Zeichenformates gelten die Ausführungen zu den Absatzformaten in Analogie mit der Ausnahme, daß beim Typ der Formatvorlage »Zeichen« ausgewählt wird (vgl. Abbildung 9). Anschließend stehen dann als Kategorien der Formatierung lediglich »Zeichen« und »Sprache« zur Verfügung. Der Formatvorlage können somit alle Eigenschaften der Kategorie »Zeichen« in beliebiger Kombination zugewiesen werden.

Die Anwendung des Druckformates erfolgt in der üblichen Form; sie wirkt sich auf den gesamten – zuvor markierten – Text aus.

Autornamen

Im Zusammenhang mit Zitaten oder lediglich als globale Berufung auf eine wissenschaftliche Quelle werden im fortlaufenden

Text häufig die Namen von Autoren (sowohl von Primär- als auch Sekundärliteratur) aufgeführt. Zwar können diese Namen auch ohne Hervorhebung geschrieben werden, es erleichtert dem Leser/der Leserin aber die Lektüre, wenn hier ein Aufmerksamkeitssignal gesetzt wird. Für Autornamen hat es sich hier eingebürgert, den Namen in Kapitälchen zu setzen.

Unabhängig von der Behandlung der Autornamen im Fließtext hat sich diese Konvention in Literaturverzeichnissen weitgehend durchgesetzt.

Auch in diesem Anwendungsfall muß wieder zwischen der Wiedergabe im Fließtext und bspw. in Fußnoten unterschieden werden; hier sind zwei Druckformate zu definieren, die sich lediglich in der Schriftgröße unterscheiden.

Bei Arbeiten, die Zitate aus dramatischen Texten enthalten, wird die Hervorhebung mittels Kapitälchen in der Regel auch auf die Namen der Sprecher ausgedehnt.

Buchtitel
Weniger im fortlaufenden Text, sondern zumeist in Literaturverzeichnissen werden die Titel der angeführten Literatur ebenfalls gesondert ausgezeichnet. Als Regelfall kann hier die Kursivierung angesehen werden.

In einigen Publikationen wird bei der Auszeichnung zusätzlich zwischen selbständigen Publikationen (Büchern) und Aufsatztiteln, resp. Beiträgen in Sammelbänden unterschieden. Teilweise werden beide Formen der Titelangabe einheitlich hervorgehoben, teilweise werden aber lediglich die unselbständigen Publikationen gesondert ausgezeichnet. Eine verbindliche Regelung kann hier aber nicht vorgeschlagen werden. Gerade für den Fall der Veröffentlichung des Manuskriptes sind hier die Vorgaben des Verlages zu beachten. Auch hier gelten wieder die Anmerkungen zu den unterschiedlichen Schriftgrößen im Fließtext, resp. einer Bibliographie und bspw. Fußnoten.

Allgemeine Hervorhebungen
Neben diesen standardmäßig in praktisch jedem wissenschaftlichen Manuskript vorkommenden Fällen kann es sinnvoll sein, bestimmte Begriffe vom übrigen Text abzuheben. Die Gründe für eine solche gesonderte Auszeichnung können vielfältiger Natur sein, sie sind jeweils inhaltlich motiviert. Es seien hier lediglich einige Beispiele angesprochen:

Hervorgehoben werden u.a. zentrale Begriffe; dabei kann es sich um Fachtermini ebenso handeln wie um Betonungen eines Begriffs im Kontext.

- Hervorgehoben werden z.T. auch fremdsprachige Begriffe, wenn sie nicht an die Normen der deutschen Orthographie angepaßt wurden und bspw. die Kleinschreibung von Substantiven beibehalten wurde.
- Ein eher formaler Grund für eine Hervorhebung kann sein, daß das Wort in einen Index aufgenommen wurde. Bei der kursorischen Lektüre eines Textes aufgrund der Verweise im Index kann diese Kennzeichnung dann hilfreich sein. Ähnliches gilt selbstverständlich auch für Autorenregister.

Für die Form der Hervorhebung können keine allgemeinen Vorschriften angegeben werden. In aller Regel wird aber in diesen Fällen lediglich von der Fettschreibung oder Kursivierung Gebrauch gemacht. Als Regel sollte gelten, daß das Erscheinungsbild des fortlaufenden Textes durch Auszeichnungen nicht zu unruhig werden sollte. Die Entscheidung für eine gesonderte Auszeichnung sollte daher inhaltlich gut begründet sein und sich an den Bedürfnissen der LeserInnen orientieren.

3.2.5 Allgemeine Hilfen

Neben den Hilfsmitteln zur Gestaltung eines Manuskriptes im engeren Sinne bieten die neuesten Programmversionen von DTP-Programmen weitere Hilfen an, die bei der Erstellung des Textes hilfreich sind. Diese Funktionen sind zwar in die Menüleisten integriert, technisch handelt es sich aber um Zusatzprogramme, was die Summation unter der Rubrik Hilfsprogramme rechtfertigt.

Rechtschreibprüfung
Gerade für den noch wenig geübten Schreiber an einer Tastatur stellt die korrekte Schreibung ein besonderes Problem dar. Sehr leicht können sich Tippfehler einschleichen, die insbesondere am Bildschirm häufig leicht überlesen werden. Auch das nachträgliche Korrekturlesen des ausgedruckten Manuskriptes erfordert eine besondere Lesetechnik, die weniger auf den Inhalt, als auf die Formalia des Textes einschließlich der Orthographie achtet.

Neben der orthographischen und syntaktischen Kontrolle des Textes muß seit der Verbreitung der Textverarbeitungsprogramme zusätzlich noch auf Fehler geachtet werden, die erst durch die Möglichkeiten der Textverarbeitung hervorgerufen wurden. So hinterlassen Streichungs- und Einfügungsprozesse ebenso ihre unerwünschten Spuren wie insbesondere Verschiebungsprozesse. Häufig werden die sprachlichen Konsequenzen, die sich aus einer Textänderung oder Verschiebung bspw. in grammatikalischer Hinsicht ergeben, nicht konsequent beachtet. Die Folge sind häufig falsche Bezüge innerhalb eines Satzes durch Veränderung des Genus oder des Kasus (bspw. nach einer Veränderung des Verbs). Die fehlerhaften Bezüge können sich aber auch über mehrere Sätze erstrecken.

Eine solcher Korrekturvorgang nach Fertigstellung des Textes (aber auch schon nach Fertigstellung von Kapiteln oder Abschnitten) ist auch bei heutigen Stand der Technik unerläßlich, da eine vollständig automatisierte Analyse und Korrektur von Texten (im oben beschriebenen komplexen Sinne) nach wie vor nicht möglich ist.

Für die einfacheren orthographischen Fehler werden aber Hilfsmittel angeboten, die zumindest den Vorteil haben, daß sie in den meisten Fällen auf mögliche Fehler hinweisen. (Zu den Grenzen dieser Rechtschreibkontrolle vgl. die Ausführungen am Ende dieses Abschnittes.)

Standardmäßig ist die Rechtschreibkontrolle in den neuesten Programmversionen aktiviert; die Überprüfung findet bereits während der Texteingabe statt. Bei älteren Programmversionen muß der Prozeß der Rechtschreibprüfung ausdrücklich gestartet werden. Bei deaktivierter Überprüfung – wie auch zu jedem beliebigen Zeitpunkt der Manuskripterstellung – kann der Überprüfungs- und Korrekturprozeß aber auch erzwungen werden (»Extras/Rechtschreibung«).

Die allgemeinen Einstellungen für die Rechtschreibprüfung erfolgen, wie eine Reihe weiterer Grundeinstellungen des Programms innerhalb der Menüoption »Extras/Optionen«.

Wenn die automatische Rechtschreibprüfung aktiviert ist, wird während der Texteingabe ein Abgleich mit dem mitgelieferten Rechtschreiblexikon durchgeführt. Darüber hinaus können eigene Benutzerwörterbücher angelegt werden, die dann ebenfalls für diesen Prozeß herangezogen werden.

Wird ein eingegebenes Wort nicht in einem der Wörterbücher gefunden, so wird dieses Wort gesondert gekennzeichnet (in der Standardeinstellung durch eine andersfarbige Unterstreichung.

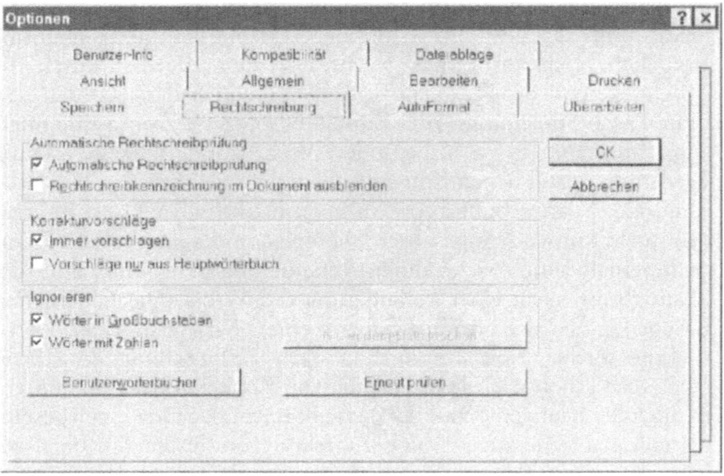

Abbildung 10: Extras / Optionen / Rechtschreibprüfung

Der Benutzer/ die Benutzerin kann nun entscheiden, ob er/ sie dieser ›Fehlermeldung‹ sofort nachgehen will, oder ob er/ sie die Überprüfung und Korrektur zu einem späteren Zeitpunkt in einem gesonderten Arbeitsschritt durchführen will. (Die Aktivierung der Menüoption »Extras/Rechtschreibung« durchsucht das gesamte Manuskript nach als fehlerhaft gekennzeichneten Schreibungen und stellt zu dem im folgenden geschilderten Verfahren analoge Informationen und Auswahlentscheidungen zur Verfügung)

Die einfachste Form der (direkten) Überprüfung erfolgt durch Anklicken des gekennzeichneten Wortes mit der rechten Maustaste. Es wird ein Fenster eingeblendet, in dem in vielen Fällen Korrekturvorschläge gemacht werden. Handelte es sich tatsächlich um eine Falschschreibung, so kann das falsch geschriebene Wort durch Auswahl der korrekten Schreibung korrigiert werden.

In einer Reihe von Fällen ist das Programm aber nicht in der Lage einen Korrekturvorschlag zu machen. In diesem Fall muß der Schreiber, die Schreiberin selbst entscheiden, ob es sich um eine korrekte Schreibung handelt. Innerhalb des geöffneten Menüs kann die korrekte Schreibung dann dem (Benutzer-)Wörterbuch hinzugefügt werden oder sie kann »ignoriert« werden. Im letzteren Fall wird die Schreibung im Manuskript erhalten (die

Kennzeichnung als Falschschreibung bleibt erhalten) und die Schreibung wird nicht in ein Wörterbuch eingetragen. Wird die Schreibung dem Wörterbuch hinzugefügt, so wird diese in Zukunft als korrekte Schreibung erkannt und nicht mehr als Fehler gekennzeichnet.

Um hier eine Entscheidungshilfe dafür zu erhalten, welche Entscheidung im Regelfall sinnvoll ist, muß kurz auf das Funktionieren der Rechtschreibprüfung eingegangen werden. Grundsätzlich wird lediglich ein Abgleich zwischen Buchstabenfolgen vorgenommen. Findet sich die exakte Buchstabenfolge nicht im Wörterbuch, so wird diese gekennzeichnet. Dies bedeutet insbesondere, daß in den Wörterbüchern alle Flektionsformen eines Wortes enthalten sein müssen. Umgekehrt bedeutet dies aber auch, daß eine im Wörterbuch enthaltenen Buchstabenfolge grundsätzlich als korrekt angesehen wird, unabhängig davon, ob sie im konkreten Kontext inhaltlich oder syntaktisch korrekt ist.

Aus der Nichtkennzeichnung eines Wortes darf keinesfalls geschlossen werden, daß dieses Wort im jeweiligen Kontext ›richtig‹ ist.

Eine nur kurze Betrachtung der nicht erkannten Wörter zeigt, daß insbesondere Fachtermini und Eigennamen nicht erkannt werden. Was bei den Eigennamen noch verständlich ist, erscheint bei vielen nicht ganz alltäglichen Wörtern nicht verständlich. Hier ist nicht ersichtlich, warum ein bestimmtes Wort (teilweise auch nur in einer bestimmten Flektionsform) aufgenommen wurde, ein anderes dagegen nicht.

Die beiden angeführten Gruppen von ›fehlenden‹ Wörtern können aber auch als Beispiel dafür herangezogen werden, wie im Falle der möglichen Ergänzung der Wörterbücher verfahren werden sollte:

Bei Eigennamen macht es nur in wenigen Fällen Sinn, das Wörterbuch mit einer solchen Schreibung zusätzlich ›aufzublähen‹ und damit indirekt zukünftige Überprüfungen zu verlangsamen. Handelt es sich allerdings um Namen, die in einem Manuskript gehäuft vorkommen, bspw. bei der Diskussion eines Dramas die Namen der Akteure oder der Name eines Autors, dessen Werke im Manuskript behandelt werden, so kann die Entscheidung anders ausfallen.

Bei Fachtermini oder ähnlichen Begriffen sollte sich die Entscheidung für oder gegen eine Aufnahme danach richten, ob zu erwarten ist, daß dieser Begriff häufig benutzt werden wird. Diese Prognose kann sich dabei sowohl auf das gegenwärtige Manuskript beziehen, in dem eine bestimmte Terminologie aus inhaltlichen Gründen gehäuft Verwendung findet, sie kann sich aber auch auf das Fachgebiet des Autors, der Autorin insgesamt beziehen.

Da die Aufnahme in ein Benutzerwörterbuch eine Veränderung der globalen Programmeigenschaften darstellt, hat dies Auswirkungen nicht nur für einen einzelnen Text. Von daher kann es sinnvoll sein, z.B. Fachbegriffe eines bestimmten wissenschaftlichen Bereiches gezielt zu sammeln und so sukzessive die Rechtschreibprüfung den persönlichen Bedürfnissen und Arbeitsschwerpunkten anzupassen.

Silbentrennung

Für den optischen Gesamteindruck einer Druckseite entscheidend ist u.a. eine möglichst gleichmäßige Verteilung der Buchstaben auf der Seite. Hier spielt neben der Aufteilung des Textes in Absätze, die sich überwiegend an inhaltlichen Gesichtspunkten orientiert, die optimale Ausnutzung der Zeilen die entscheidende Rolle.

Im Gegensatz zu Schreibmaschinentexten, bei denen bei der Eingabe der Zeichen definitiv entschieden werden muß, an welcher Stelle eine Zeile endet, kann beim Fließtext des Computers diese Entscheidung zu jedem beliebigen Zeitpunkt der Textbearbeitung revidiert werden. Dies kann zum einen durch Eingriffe des Bearbeiters erfolgen, es kann aber auch vollkommen dem Programm und hier dem integrierten Trennmodul überlassen werden. Diese besondere Form der Trennung gewinnt ihre Bedeutung besonders in Texten, die im Blocksatz gedruckt werden.

Während ältere Programmversionen einen eigenen Programmablauf zum Trennen des Textes (Gesamttext oder zuvor definierte Teilbereiche) vorsahen, stellt die neueste Programmversion eine automatische Trennung zur Verfügung, die bereits während der Texteingabe den jeweils optimalen Zeilenausgleich vornimmt. Diese Funktion ist standardmäßig nicht aktiviert, sie muß für jedes Dokument über die Menüoption »Extras/Silbentrennung« aktiviert werden.

Auch wenn die Qualität der Silbentrennungsmodule in den letzten Jahren erheblich gesteigert worden ist, sind immer noch eine Reihe von Fehlern bei der Trennung zu beobachten. Darüber hinaus gibt es Fälle, in denen die Silbentrennung aus systematischen Gründen versagt und der manuelle Eingriff des Autors, der Autorin grundsätzlich erforderlich ist.

Ohne hier auf die Detailprobleme der automatisierten Silbentrennung näher eingehen zu können, kann generell festgehalten werden, daß Fehler vor allem im Bereich von zusammengesetzten Worten auftreten; hier ist eine abschließende Kontrolle der tatsächlich wirksamen Trennungen unbedingt erforderlich.

Keine automatische Trennung erfolgt bei Wörtern, die nicht mit einem Buchstaben beginnen (z.B. Wörter, die durch Anführungszeichen besonders gekennzeichnet wurden) und bei Wörtern, die im Wortkörper andere Zeichen als Buchstaben (Ausnahme: Bindestrich) enthalten. Als Beispiel sei hier auf die in diesem Text häufig vorkommenden Schreibungen der Menüoptionen mit einem Schrägstrich verwiesen.

Die automatische Silbentrennung stellt somit insgesamt ein insgesamt nützliches und arbeitssparendes Modul dar, man kann und sollte sich aber nicht vollständig auf dessen korrektes Funktionieren verlassen. Eine abschließende Kontrolle bleibt auch in diesem Punkt nach wie vor unerläßlich.

Technische Voraussetzung für dieses variable Verhalten des Systems ist die Existenz eines besonderen Zeichens innerhalb der Trennfunktion. Neben dem ›normalen‹ Trennstrich, der auch als Bindestrich seine Verwendung finden kann, gibt es ein zweites Trennzeichen, die sog. weiche oder optionale Trennung (Eingabe des Trennzeichens bei gedrückter STRG-Taste). Dieses Trennzeichen wird nur dann gedruckt, wenn es am Zeilenende zu stehen kommt; in allen anderen Fällen bleibt es (nicht sichtbarer) Bestandteil des Wortkörpers und wird beim Ausdruck des Textes ignoriert.

Die Eingabe dieser weichen Trennung kann zu jedem Zeitpunkt der Arbeit am Manuskript manuell erfolgen, insbesondere können auf diese Weise evtl. aufgetretene Falschtrennungen korrigiert, vor allem aber die aus systematischen Gründen nicht automatisch getrennten Wörter manuell getrennt werden.

Sprachwahl

Sowohl für den Bereich der Rechtschreibprüfung als auch den der Silbentrennung stellen gerade wegen der zunehmenden Automatisierung fremdsprachige Texte – im Bereich wissenschaftlicher Arbeiten vor allem entsprechender Zitate – ein besonderes Problem dar. Die Rechtschreibprüfung markiert fast den gesamten Wortbestand als fehlerhaft und die Silbentrennung erfolgt nach den deutschen Trennregeln, die in weiten Bereichen nicht mit den Regeln bspw. des Englischen oder Französischen übereinstimmen.

Die neueste Programmversion bietet hier nun die Möglichkeit, ausgewählten (i.e. markierten) Textabschnitten eine weitere Eigenschaft, die der Zugehörigkeit zum Wortbestand einer anderen Sprache, zuzuordnen. Nach der Definition bspw. eines Zitates als englischem Text werden dann auf diesen Textabschnitt automatisch sowohl die englische Rechtschreibprüfung als auch die entsprechenden Silbentrennungsregeln angewandt. Besonders hilfreich ist in diesem Zusammenhang, daß bei Rechtschreibfehlern auch entsprechende fremdsprachige Korrekturvorschläge (so vorhanden) unterbreitet werden.

Zur Definition eines Textabschnittes als fremdsprachiger Text muß dieser lediglich markiert werden und anschließend die entsprechende Auswahl im Menü »Extras/Sprache« vorgenommen werden.

Es fällt auf, daß im Auswahlfenster nicht nur die verschiedenen Sprachen generell vertreten sind, sondern darüber hinaus nationale Sprachvarianten ebenfalls berücksichtigt werden. Im Fensterausschnitt sind dies bspw. neben dem britischen, amerikanischen und australischen Englisch auch Varianten des Französischen und des Deutschen. Dies gilt auch für weitere Sprachen wie z.B. Portugiesisch und Norwegisch. Darüber hinaus finden sich Sprachen wie Baskisch und Katalanisch.

Manuskriptansichten

Während in den Anfängen der elektronischen Textverarbeitung ein fundamentaler Unterschied zwischen der Darstellung des Textes auf dem Computerbildschirm und der gedruckten Fassung bestand, ist spätestens mit der Einführung der graphischen Benutzeroberflächen und mit dem Siegeszug der Programme, die eine Bezeichnung als Desk-Top-Publishing-Programme verdienen, die Möglichkeit eröffnet, auch auf dem Computerbildschirm den Text so zu betrachten, wie er beim Druck erscheinen wird.

Dabei muß zwischen der Darstellung des Textes in der sog. Druckansicht – eine Option die im übrigen auch schon in den DOS-basierten Programmversionen enthalten war – und den Ansichten unterschieden werden, die gleichzeitig eine Bearbeitung des Textes erlauben.

Normal-Ansicht

Während die sog. Normal-Ansicht weitgehend dem Bildschirm ähnelt, wie er von den DOS-basierten Programmversionen her bekannt ist (Seitenumbrüche werden z.B. lediglich durch gesonderte Linien angezeigt, allerdings haben z.B. schon die Wahl des Blocksatzes und einer bestimmten Schriftart ihre Konsequenzen für die Darstellung am Bildschirm), wird in der Layout-Ansicht die Umsetzung praktisch aller relevanten Einstellungen und Formatierungen vorgenommen.

Layoutansicht

In der Layout-Ansicht (die Wahl der Darstellungsform erfolgt innerhalb des Menüpuktes »Ansicht«) werden z.B. Kopf- und Fußzeilen mit ihren jeweils für die Seite gültigen Einstellungen angezeigt. Am linken Rand des Bildschirms wird – wie auch schon am oberen Rand – eine Leiste eingeblendet, die die jeweilige vertikale Position anzeigt. Dies erlaubt z.B. die leichtere Positionierung von Graphiken etc. Aus diesem Grund ist das Einfügen von Positionsrahmen (vgl. S. 97ff) auch technisch nur in dieser Manuskriptansicht möglich.

Generell kann gesagt werden, daß die Layout-Ansicht die beste Kontrolle über das Aussehen des Manuskriptes bei gleichzeitiger Bearbeitungsmöglichkeit bietet. Insbesondere bei längeren Manuskripten wird allerdings auch der Preis, der für diesen Komfort zu zahlen ist, spürbar: Diese Darstellungsform ist sehr rechenaufwendig, d.h. sie lastet den Computer stark aus. Spätestens hier macht sich stark bemerkbar, welches Computermodell mit welcher Hardware-Ausstattung zum Einsatz kommt. Dabei bestimmen nicht nur der Prozessor, sondern auch die Größe des Arbeitsspeichers sowie die Graphikkarte und deren Leistungsfähigkeit (um nur einige der relevanten Faktoren anzuführen) die Geschwindigkeit des Bildschirmaufbaus bspw. bei Bewegungen im Manuskript über größere Entfernungen. Gerade bei älteren Geräten kann dies zu kaum mehr akzeptablen Wartezeiten führen.

Die Entscheidung für eine generelle Verwendung dieser zweifellos sehr komfortablen Form der Bildschirmdarstellung, die dem Autor/der Autorin weitgehende Kontrolle über das Aussehen des Manuskriptes gibt, wird vor dem Hintergrund der jeweiligen technischen Grenzen im Einzelfall zu überprüfen sein.

Gliederungsansicht

Als dritte, sehr spezielle Form der Manuskriptansicht steht die Gliederungsansicht zur Verfügung. Wegen ihrer besonderen Bedeutung bei der Konzeption und Erstanlage der Arbeit wurde sie bereits am Anfang dieser Arbeit näher behandelt (vgl. S. 25ff). Dort wird auch auf die besonderen Möglichkeiten zu strukturellen

Veränderungsprozessen am Text eingegangen, die hier nicht zu wiederholen sind. Gleichzeitig wird aber auch auf einen interessanten Nebeneffekt hingewiesen:

Bei der Rückkehr von der Gliederungsansicht in die Normal- oder Layoutansicht des Textverarbeitungsprogramms befindet sich der Cursor an der Stelle im Text, an der er sich zuletzt in der Gliederungsansicht befunden hat. Der geschickt eingesetzte Wechsel zwischen beiden Ansichten kann also auch dazu benutzt werden, sich nach inhaltlichen Gesichtspunkten in einem Manuskript zu bewegen. Die im Programm ebenfalls enthaltene Sprungfunktion (»Bearbeiten/Gehe zu«) erlaubt ja nur gezielte Bewegungen zu einer Seite, einer Fußnote, etc., deren Ziffer bekannt ist; lediglich Textmarken sind dabei die einzigen inhaltlich orientierten Elemente, die innerhalb der Funktion »Gehe zu« benutzt werden können.

Soll dagegen nach allgemeinen inhaltlichen Kriterien zu einem bestimmten Unterabschnitt gesprungen werden, um dort bspw. eine Textstelle zu überprüfen, eine Ergänzung vorzunehmen, eine Textmarke anzubringen oder dergleichen, so reicht es aus, in die Gliederungsansicht umzuschalten, den Cursor auf die betreffende Überschrift zu positionieren und wieder in die Normalsicht zurückzuschalten. Nach Beendigung der entsprechenden Operation führt der Weg zur ursprünglichen Stelle im Manuskript auf gleichem Wege leicht zurück.

Dieser Nebeneffekt einer für andere Zwecke konzipierten Funktion der Textverarbeitung erleichtert somit die Orientierung im eigenen Manuskript. Er ist vergleichbar der Funktion des Inhaltsverzeichnisses in einem fertiggestellten Buch, bei dem über die Referenz der Seitenangaben ebenfalls gezielt bestimmte Abschnitte des Buches aufgesucht werden können.

Daß für diese Form der nicht-sequentiellen Lektüre eines Textes noch weitere Hilfsmittel wie Register bei fertigen Büchern oder Textmarken bei elektronischen Manuskripten zur Verfügung stehen sei an dieser Stelle bereits angemerkt (vgl. zu Registern etc. S. 113ff und zu Textmarken S. 110f).

Druckansicht

Schon seit frühen Programmversionen bekannt ist die Druck- oder Seitenansicht (Menüoption »Datei/Seitenansicht«). In dieser Ansicht kann ein Überblick über mehrere Seiten gewonnen werden. Es ist möglich, Verkleinerungen der Seiten auf dem Bildschirm anzeigen zu lassen und gezielt zu einzelnen Seiten zu springen und dort mittels einer Lupenfunktion das druckfertige Layout zu kontrollieren. Allerdings können in dieser Manuskriptansicht keine Veränderungen am Text vorgenommen werden.

Durch Umschalten in diese Darstellungsform werden allerdings alle Prozesse, die sonst erst beim Ausdruck des Manuskriptes vorgenommen werden, wie z.B. die Aktualisierung von Querverweisen, der Seitenzahlen in Inhaltsverzeichnissen und Abbildungsverzeichnissen, etc. ebenfalls durchgeführt. Vor einer abschließenden Kontrolle des Manuskriptes am Bildschirm sollte daher in jedem Fall einmal in diese Darstellungsform geschaltet worden sein. Im übrigen ist die Funktionalität dieser Ansicht weitgehend von der Layoutansicht übernommen worden.

3.3 Das Layout des Manuskriptes

Bevor auf die Gestaltung einzelner Seiten und die verschiedenen Gestaltungselemente eingegangen wird, müssen einige Anmerkungen zum Aufbau eines Manuskriptes insgesamt gemacht werden. Dabei wird hier vom avanciertesten Fall, der Erstellung einer reproduktionsfähigen Vorlage für die Veröffentlichung eines Manuskriptes als Buchpublikation in einem Verlag ausgegangen. Die hier zusammengetragenen Regeln sind von daher bei den weniger normierten Anlässen lediglich sinngemäß zu verwenden; die Grundprinzipien sollten aber bereits frühzeitig Beachtung finden.

3.3.1 Titelei

Bei der Produktion eines Buches gibt es einen wesentlichen Unterschied, der den gesamten Aufbau bestimmt: Die Seiten eines Buches werden beidseitig bedruckt, wobei generell festliegt, daß die Vorderseite (d.h. bei aufgeschlagenem Buch die rechte Seite) immer eine ungerade Seitenzahl erhält. Rückseiten (linke Seiten) erhalten somit immer eine gerade Seitenzahl. Darüber hinaus ist zu beachten, daß alle Seiten gezählt werden, einschließlich der Titelseiten, vor allem aber auch einschließlich eventuell leer bleibender Rückseiten. Auch wenn es bei Buchpublikationen in der Regel Aufgabe des Verlages ist, die ersten Seiten (die sogenannte ›Titelei‹) zu setzen, so müssen diese Vorgaben aber für die Gestaltung des Gesamtmanuskriptes und hier insbesondere für die Numerierung der Seiten, der sogenannten Paginierung, berücksichtigt werden.

Während eine Hausarbeit, eine Abschlußarbeit oder eine Dissertation mit der Titelseite beginnen, weist eine Buchpublikation vor der eigentlichen Titelseite einen sogenannten ›Schmutztitel‹ auf. Auf diesem Blatt finden sich entweder Angaben zur Publikationsreihe, in der der jeweilige Band erscheint oder – bei Einzelpublikationen – der Name des Verfassers, der Verfasserin und ein Kurztitel (in der Regel der Haupttitel der Arbeit). Da die graphische Gestaltung dieser Seite von Verlag zu Verlag stark differiert, sollen hier keine Vorgaben gegeben werden, diese werden ja auch vom Verlag in eigener Regie umgesetzt oder aber bei Abschluß des Publikationsvertrages im Rahmen von Hinweisen zur Manuskriptgestaltung dem Autor/ der Autorin mitgeteilt.

Für die Paginierung gilt es aber zu beachten, daß die Rückseite dieses Schmutztitels leer bleibt, die eigentliche Titelseite sich somit auf der dritten Seite befindet. Auch wenn die Seiten der Titelei (Schmutztitel inkl. Titelseite) bei der Paginierung berücksichtigt werden, so findet sich doch auf diesen Seiten keine Seitenzahl.

Auf der Titelseite finden sich der Name des Autors, der Titel des Buches, ein eventueller Untertitel sowie die Angabe des Verlages und des Erscheinungsortes. Alle Angaben werden in der Regel zentriert angeordnet. Der Autorname steht dabei am oberen Rand der Seite, die Angaben zu Verlag und Erscheinungsort am unteren Rand der Seite, der Titel wird in der Vertikalen so angeordnet, daß sich insgesamt ein harmonisches Bild ergibt. In der Regel bedeutet dies, daß der Haupttitel im obersten Drittel der Seite angeordnet wird. Auch hier wieder gilt es, spezifische Vorgaben eines Verlags zu beachten.

Abweichend davon finden sich auf nicht publizierten Arbeiten wie Hausarbeiten, Abschlußarbeiten oder Dissertationen zusätzliche Angaben, die den Status des Manuskripts deutlich machen, die Angabe eines Verlags etc. ersetzen. Gerade für Dissertationen haben die jeweiligen Institutionen (Fakultäten/Fachbereiche) eigene Vorgaben entwickelt, die in der Regel bei der Anmeldung zur Prüfung dem Kandidaten, der Kandidatin ausgehändigt werden. Durchgängige Merkmale sind aber:

An erster Stelle steht der Titel der Arbeit. Es folgt ein Text, aus dem der Status der Arbeit (z.B. »Dissertation«), der angestrebte akademische Grad (z.B. »zur Erlangung des akademischen Grades eines

Das Verhältnis Arthur Schnitzlers zum Film

Der Philosophischen Fakultät der

Rheinisch-Westfälischen Technischen Hochschule Aachen

vorgelegte Dissertation zur Erlangung des akademischen Grades eines

Doktors der Philosophie

von
Manfred Kammer
aus Mettmann

Beispiel-Titelseite einer Dissertation

Doktors (der Philosophie«)) hervorgehen, sowie Angaben über die Institution, bei der diese Arbeit eingereicht wird (z. B. »Dem Fachbereich Sprach- und Literaturwissenschaften der Universität-GH

Siegen eingereicht von«) und nun erst der Name des Verfassers/der Verfasserin. Genauer Wortlaut und Reihenfolge der Textelemente können dabei variieren.

Zusätzlich wird teilweise die Namensangabe des Betreuers der Arbeit verlangt, z.T. werden auch beide Gutachter der Arbeit aufgeführt.

Universität-GH Siegen Fachbereich3
Diplomstudiengang Medien-Planung, - Beratung und Entwicklung

Einführung in den Medienstudiengang
Wintersemester 1995/96
Leiter: Dr. Rainer Leschke

Die Lomographie

im Spannungsfeld zwischen Kult, Kommerz und Kunst

vorglegt von
Beate Mustermann
Matr. Nr. 347115

Beispiel-Titelseite einer Hausarbeit

Auch wenn sich gerade im letzten Bereich eine Vielzahl von Gewohnheiten herausgebildet haben, die einen unterschiedlichen Grad von Festschreibung erfahren haben, so sollten diese Grundelemente doch immer enthalten sein. Leitendes Prinzip ist dabei, daß neben dem Autor/ der Autorin einer ›unselbständigen‹ Arbeit immer auch der Kontext der Entstehung erkennbar ist und damit die Zuordnung zu einer betreuenden Institution möglich wird.

Während bei einseitig gedruckten Manuskripten wie Hausarbeiten aber auch Diplomarbeiten oder Dissertationen auf die Titelseite das Inhaltsverzeichnis folgt, ergibt sich bei beidseitig gedruckten Veröffentlichungen eine Besonderheit: Auf der Rückseite der Titelseite finden sich bei Buchpublikationen die CIP-Titelaufnahme der Deutschen Bibliothek, die ISBN-Nummer sowie der copyright-Vermerk. Gegebenenfalls sind hier auch Angaben zur Anzahl der Auflagen sowie Hinweise zur Herstellung des Buches, wie Satzanstalt, Druckerei, Einband, etc. verzeichnet. Da diese Angaben nur von einem Verlag gemacht werden können, betrifft diese Seite die AutorInnen nur insofern, als diese Seite bei der Seitenzählung zu berücksichtigen ist; gegebenenfalls ist in das abzuliefernde Manuskript eine leere Seite einzufügen.

Die eigentliche Arbeit beginnt dann – bei einer Buchpublikation auf einer ungeraden Seite (in aller Regel ist dies die fünfte Seite) – mit dem Inhaltsverzeichnis. Zu dessen Erstellung und den entsprechenden Gestaltungshinweisen vergleiche die gesonderten Ausführungen dieses Bandes auf S. 106ff. Das Inhaltsverzeichnis ist gleichzeitig auch die erste Seite, auf der die Paginierung ausgedruckt wird. Teilweise werden sowohl das Inhaltsverzeichnis als auch ein evtl. vorhandenes Vorwort mit römischen Ziffern paginiert.

3.3.2 Seitenlayout

Textverarbeitungsprogramme lassen die Definition eines Satzspiegels nicht unmittelbar zu. Zur Eingrenzung des Satzspiegels, also des Bereiches, in dem der fortlaufende Text des Manuskriptes auf einer Seite erscheint, stehen die Angabe der Ränder auf der linken, bzw. rechten Seite sowie am oberen und unteren Papierrand zur Verfügung (»Datei/Seite einrichten«).

In Abhängigkeit vom gewählten Papierformat ergibt sich also die Höhe des Satzspiegels aus der Differenz von Papierlänge und

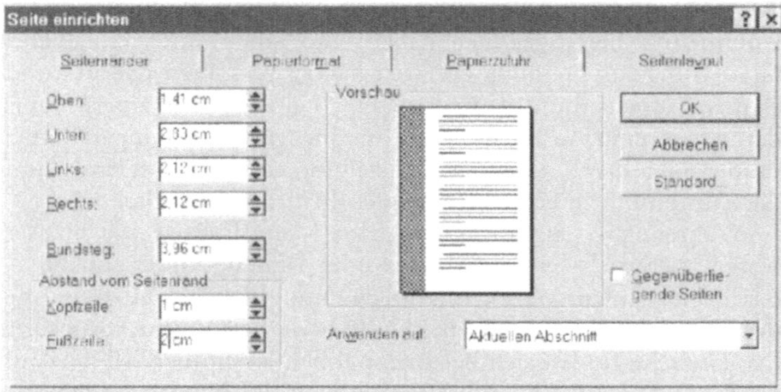

Abbildung 11: Satzspiegel festlegen

Summe von oberem und unterem Rand sowie seine Breite aus der Differenz von Papierbreite und Summe von linkem und rechtem Rand. In unserem Zusammenhang wird durchgängig von DIN A4-Papier (29,7 x 21 cm) im Hochformat ausgegangen.

Bei einer Buchpublikation werden auch für den Satzspiegel Vorgaben gemacht, bei einer Diplomarbeit oder einer Hausarbeit müssen die Werte hierfür selbst gewählt werden. Als Faustregel kann gelten, daß die Ränder nicht schmaler als 3cm werden sollten.

Bei den Seitenrändern wird in der Regel von einer gleichmäßigen Aufteilung abgesehen. Hier gilt es zu berücksichtigen, daß Arbeiten – gleichgültig in welcher Form die Veröffentlichung oder die Abgabe erfolgt – gebunden oder geheftet werden. Hierdurch wird an der Innenseite der Blätter ein bestimmter Betrag in der Bindung/Heftung ›verbraucht‹. Soll der fortlaufende Text aber optisch in der Mitte der Seite angeordnet erscheinen, so muß dieser zusätzliche Raum berücksichtigt werden. Hier gilt es dann zu unterscheiden, ob ein beidseitiger Druck erfolgen wird oder ob – wie bei Hausarbeiten – jeweils nur die Vorderseite bedruckt erscheint. Im letzteren Fall ist der linke Rand (ca. um 1cm) breiter zu wählen.

Bei einem beidseitigen Druck muß dieser sogenannte Bundsteg alternierend zum rechten oder linken Rand addiert werden. Textverarbeitungsprogramme haben daher eine entsprechende Option (»Datei/Seite einrichten«). Der für die Seitenränder verbleibende

Betrag wird daher um den Betrag für den Bundsteg vermindert und der verbleibende Rest gleichmäßig auf den linken und rechten Seitenrand verteilt.

Innerhalb dieses Satzspiegels wird der gesamte Text des Manuskriptes gedruckt, der fortlaufende Text – auch Fließtext genannt – wie auch die Fußnoten (zu Form und Inhalten der Fußnoten vgl. Seite 47ff). Alle Angaben, wie z.B. Einzüge in den Absatzformaten beziehen sich auf diesen Satzspiegel.

Reproduktionsfähige Vorlagen
Während Hausarbeiten, Magister- und Diplomarbeiten sowie Dissertationen bei ihrer Abgabe bei der beurteilenden Institution in Originalgröße abgeliefert werden und mehrere Exemplare entweder durch mehrfachen Ausdruck des Manuskriptes oder durch Fotokopien erstellt werden, wird bei der Publikation in einem Verlag in der Regel die Ablieferung einer sog. reproduktionsfähigen Vorlage verlangt. Bei der Reproduktion dieser Vorlage findet zumeist eine Verkleinerung statt; diese dient unter anderem der Verbesserung der Druckqualität, da bei einem reinen Kopiervorgang die Strichstärke der Buchstaben zunimmt, das Schriftbild damit schlechter lesbar würde.

Wird also von einem Verlag ein bestimmter Satzspiegel vorgegeben, so sind alle Angaben für die Seitenränder, Abstände, etc., aber auch die Schriftgröße um den vorgesehenen Verkleinerungsfaktor zu vergrößern.

Soll beispielsweise die Vorlage auf 80% verkleinert werden und sind als Breite des Satzspiegels für das fertige Buch 10 cm vorgesehen, so muß für den Ausdruck eine Breite des Satzspiegels von 12,5 cm gewählt werden. (10/80*100).

Eine häufige Form der Verkleinerung ist die Verkleinerung einer DIN A4-Vorlage auf DIN A5. In diesem Fall müssen alle Werte mit dem Faktor 2 (=1,41) multiplizier t werden. Im angenommenen Beipielsfall einer Breite des Satzspiegels von 10cm ergeben sich somit 14,1cm Breite für den Ausdruck.

Soll der Satzspiegel nach einer Verkleinerung von DIN A4 auf DIN A5 bspw. 16 cm x 10 cm betragen so ergibt sich für den abzuliefernden Ausdruck ein Satzspiegel von 22,63 cm x 14,1 cm. Für den oberen und unteren Rand stehen somit insgesamt 29,7 cm – 22,63 cm = 7 cm zur Verfügung, für den linken und rechten Rand insgesamt 21 cm – 14,1 cm = 5,9 cm. Diese Summen sind dann auf die jeweils gegenüberliegenden Ränder zu verteilen. Dies kann gleichmäßig geschehen, d.h. der obere und untere Rand werden jeweils mit 3,5 cm definiert, oder der obere Rand wird bspw. mit 4 cm und der untere mit 3 cm definiert.

Eine solche ungleiche Verteilung wird häufig vorgenommen, weil sowohl im oberen wie im unteren Rand zusätzliche Informationen untergebracht werden können (z.B. Kopfzeilen, resp. Kolumnentitel sowie die Paginierung [vgl. hierzu S. 77ff]), und damit das optische Gleichgewicht der Seite verschoben wird.

Als weitere Form der Abgabe eines Manuskriptes hat sich mittlerweile die Ablieferung in elektronischer Form etabliert. Dabei wird von den Verlagen in der Regel eine sog. ›konvertierbare Datei‹ verlangt. Eine solche Datei gibt den Textbestand des Manuskriptes ohne programmspezifische Formatierungen wieder. Auf der Grundlage dieser Datei und eines vom Autor/ der Autorin gleichzeitig abzuliefernden Manuskriptes wird von der Satzanstalt dann eine Fassung erstellt, die auf die Besonderheiten der Programme abgestellt ist, die entsprechende Lichtsatzanlagen steuern.

Für den Autor/ die Autorin bedeutet dies, daß er sein Manuskript zusätzlich einmal ohne die programmspezifischen Formatierungen abspeichern muß. Hierfür steht innerhalb der Option »Datei/Speichern unter« die zusätzliche Option »Dateityp« zur Verfügung; hier muß die Auswahl »Nur Text« getroffen werden. Die Speicherung dieser Fassung des Manuskriptes sollte unter einem gesonderten Dateinamen erfolgen, damit die eigene Formatierungsarbeit nicht verloren geht.)

3.3.3 Seitenumbruch

Der Fließtext des Manuskriptes wird fortlaufend eingegeben, d.h. außer Absätzen und Überschriften werden keine weiteren Unterteilungen durch den Autor/ die Autorin eingegeben; die Aufteilung des Textes auf verschiedene Seiten (Seitenumbruch) wird vom Programm automatisch vorgenommen. Für die Gestaltung von Seiten gibt es aber eine Reihe von Regeln, bei deren Einhaltung der Computer zumindest unterstützend eingreifen kann.

An erster Stelle sind hier die sog. »Schusterjungen« und »Hurenkinder« zu nennen. Als solche werden ›Reste‹ eines Absatzes bezeichnet, die durch den Seitenumbruch als erste Zeile auf einer neuen Seite zu stehen kommen, bzw. die erste Zeile eines neuen Absatzes als letzte Zeile einer Seite. Ein solcher Seitenumbruch wird als mit allgemeinen ästhetischen Normen nicht vereinbar empfunden. Die modernen Textverarbeitungsprogramme sind so eingerichtet, daß sie derartige Verstöße automatisch vermeiden.

Würde also die letzte Zeile eines Absatzes als erste Zeile auf einer Seite zu stehen kommen, so verschiebt das Programm den Seitenumbruch um eine Zeile nach oben und sorgt auf diese Weise dafür, daß zumindest zwei Zeilen eines Absatzes auf der neuen Seite zu stehen kommen. In Analogie wird die isolierte Positionierung der ersten Zeile eines Absatzes als letzte Zeile einer Seite nicht zugelassen, der Seitenumbruch wird automatisch verschoben.

Im Zusammenhang mit der Diskussion der Formatvorlagen der Gruppe »Überschrift#« wurde bereits auf weitere Probleme hingewiesen, die ebenfalls den Seitenumbruch betreffen. Das Problem, daß eine Überschrift isoliert auf einer Seite zu stehen kommt, während der zugehörige Text erst auf der nächsten Seite beginnt, ist mit Mitteln der Absatzformatierung zu lösen. Ähnliches gilt für den Fall, daß ein Abschnitt des Textes grundsätzlich auf einer neuen Seite beginnen soll (vgl. S. 44f). Beide Lösungen können aber allenfalls dazu führen, daß vor dem betreffenden Absatz – in aller Regel einer Überschrift – automatisch ein Seitenumbruch erfolgt.

Bei der Gestaltung von Büchern gilt darüber hinaus aber, daß in bestimmten Fällen mit einem neuen Abschnitt grundsätzlich auf einer ungeraden Seite begonnen wird. Einige dieser Fälle wurden bereits bei der Diskussion der Gestaltung der ersten Seiten eines Buches (Titelei, Inhaltsverzeichnis) angesprochen (vgl. S. 67ff).

Auch das Vorwort, die Einleitung, sowie die Kapitel eines Buches – einschließlich eventueller Anhänge – beginnen grundsätzlich auf einer ungeraden Seite. Diese Regel erhält ihre Bedeutung allerdings erst dann, wenn bei der Vervielfältigung des Manuskriptes das Papier beidseitig bedruckt wird, also in der Regel erst bei einer Publikation in einem Verlag. Da es aber – wie bereits angemerkt – zunehmend die Aufgabe der AutorInnen ist, eine reproduktionsfähige Vorlage zu liefern, sind sie auch für die Einhaltung dieser Regel verantwortlich.

Die Programmoptionen im Rahmen der Absatzformatierung sind in diesem Fall nicht ausreichend. Innerhalb der Menüoption »Einfügen« steht hier allerdings der Punkt »Manueller Wechsel« zur Verfügung.

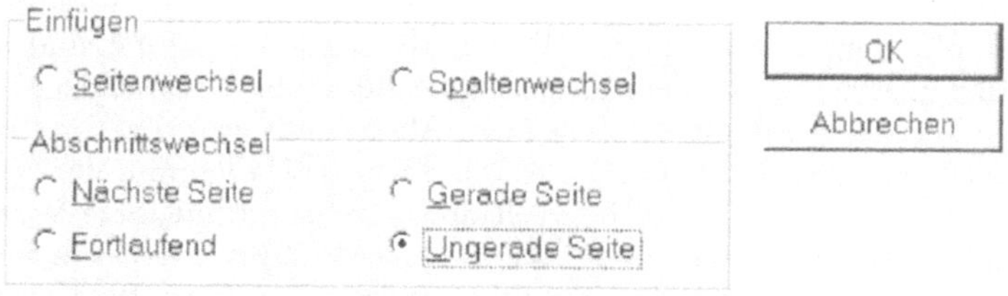

Abbildung 12: Abschnittswechsel

Das entsprechende Auswahlmenü bietet hier die Definition eines neuen Abschnitts an (in früheren Programmversionen auch als »Bereich« bezeichnet). Gleichzeitig kann festgelegt werden, daß der auf den Abschnittswechsel folgende Text auf einer neuen Seite beginnen soll und zwar, je nach Entscheidung auf einer geraden oder ungeraden Seite. Durch die in Abbildung 12 gezeigte Auswahl wird somit der in Rede stehenden Forderung Rechnung getragen.

Im Gegensatz zu den Definitionen im Rahmen der Formatierung von Absätzen handelt es sich bei »Manuellen Wechseln« um in das Manuskript direkt eingegebene Zeichen; sie können daher auch wie jedes andere Zeichen mit den üblichen Mitteln der Textverarbeitung im Bedarfsfalle gelöscht werden. Neben der Umsetzung der Anweisung in Form eines entsprechenden Seitenumbruchs innerhalb der Layout-Ansicht wird das Abschnittsende in der Normal-Darstellung am Bildschirm zusätzlich durch eine doppelte, gepunktete Linie angezeigt.

Endet der vorhergehende Textabschnitt auf einer geraden Seite, so bewirkt der Abschnittswechsel lediglich, daß der folgende Abschnitt auf einer neuen Seite beginnt. Endet der Abschnitt dagegen auf einer ungeraden Seite, so wird zusätzlich eine leere Seite eingefügt. Diese ›leere‹ Seite wird bei der Zählung der Seiten (Paginierung) berücksichtigt.

Wurden Kopf- und/oder Fußzeilen definiert – insbesondere zur Angabe der Seitenzählung – so bleiben diese (geraden) Seiten allerdings nicht vollständig leer: Kopf- und/oder Fußzeilen werden gedruckt. Diese Seiten werden als ›vacat-Seiten‹ bezeichnet (lat.: »Sie bleibe leer!«). Bei der Ablieferung eines reproduktionsfähigen Manuskriptes sind sie unbedingt mit abzuliefern.

3.3.4 Kopf-/Fußzeilen

Für den optischen Eindruck der Manuskript- bzw. Buchseite ist neben dem Satzspiegel entscheidend, ob innerhalb des oberen bzw. unteren Seitenrandes Text zu stehen kommt.

Welche Informationen in die Kopf- bzw. Fußzeilen aufgenommen wird, ist je nach Kulturraum unterschiedlich. So wird bspw. die Seitenzählung im anglo-amerikanischen Raum in der Kopfzeile vorgenommen, während sie im deutschsprachigen Raum in der Fußzeile erfolgt.

Um in den für Texteingaben eigentlich ja nicht zugänglichen Bereich der Seitenränder dennoch Text eingeben zu können, muß zunächst eine besondere Ansicht geöffnet werden (»Ansicht/ Kopf- und Fußzeile). Dabei springt der Cursor zunächst in den Bereich der Kopfzeile, die aus systematischen Gründen hier später behandelt wird.

Der Fließtext des Manuskriptes wird in dieser Ansicht nur schwach angezeigt; er kann in diesem Programmzustand nicht bearbeitet werden. Gleichzeitig wird ein Fenster eingeblendet, das verschiedene, sonst nicht zugängliche Buttons enthält.

Abbildung 13: Kopf- und Fußzeile

An erster Stelle ist der Button zu nennen, der den Wechsel zwischen Kopf- und Fußzeile bewirkt (links außen). Mit dem Betätigen des Buttons springt der Cursor in den unteren Seitenrand. Für die Eingabe der automatischen Seitenzählung steht ein eigener Button zur Verfügung. Das Gatter (»#«) wird in der Datenverarbeitung allgemein als Stellvertreterzeichen für Zählungen benutzt.

Dieses Stellvertreterzeichen wird nach der Eingabe – bei den Standardeinstellungen des Programms – automatisch in die aktuelle Seitenzahl umgewandelt. Die Ziffer, resp. das Vertreterzeichen, kann wie jedes andere Zeichen auch innerhalb des Absatzes positioniert werden; so kann es – wie für einfache Manuskripte die Regel – zentriert werden. Zusätzlich können weitere Zeichen wie bspw. Bindestriche vor und hinter der Seitenzahl eingegeben werden. Wird mit dieser Operation die Bearbeitung der Fußzeile beendet, so erscheint die Seitenzählung auf allen Seiten des Manuskriptes.

Im bereits angesprochenen Fall der Manuskriptgestaltung für einen beidseitigen Druck muß jedoch zwischen geraden und ungeraden Seiten unterschieden werden. Im speziellen Fenster (vgl. Abbildung 13) wird hierzu der direkte Aufruf der Menüoption »Datei/Seite einrichten« angeboten.

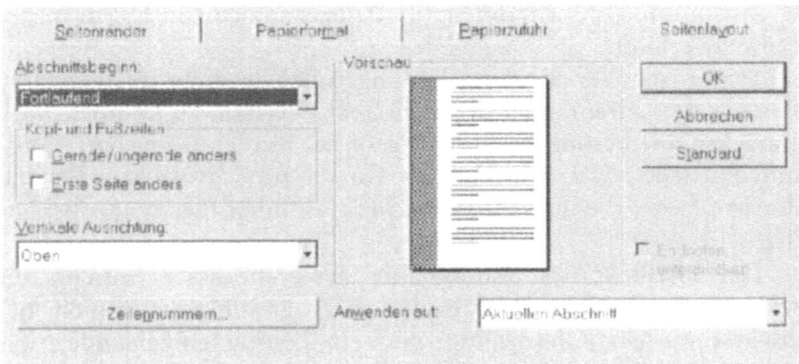

Abbildung 14: Kopf- / Fußzeilen unterschiedlich

Wird in diesem Fenster die Auswahl »Gerade/ungerade anders« getroffen, so wird in der Anzeige der Fußzeile nunmehr darauf hingewiesen, ob es sich bei der aktuellen Seite um eine gerade oder eine ungerade Seite handelt. Die Seitenzahl kann nun (z.B. durch Ausrichtung des Absatzes als links- bzw. rechtsbündig) an die erforderliche Position, d.h. bei geraden Seiten an den linken Rand des Satzspiegels, bei ungeraden Seiten an den entsprechenden rechten Rand geschoben werden.

Darüber hinaus steht die Option »Erste Seite anders« zur Verfügung. Durch entsprechende Anwahl wird die Möglichkeit eröffnet, auf der ersten Seite des Manuskriptes eine von der allgemeinen Darstellung des Manuskriptes abweichende Gestaltung vorzunehmen; dies kann bspw. dazu benutzt werden, um in kurzen Texten die Titelseite nicht mit einer Zählung zu versehen. Hierzu wird – nach Wechsel auf die erste Seite – in der betreffenden Fußzeile keinerlei Zeichen eingegeben. Bei der Zählung der Seiten wird diese Seite allerdings berücksichtigt. Bei der Gestaltung der Kopfzeilen ergeben sich weitere Einsatzmöglichkeiten.

In manchen Fällen kann es sinnvoll sein, ein Manuskript auf verschiedene Dateien aufzuteilen. Um in einem solchen Fall eine durchgängige Seitenzählung zu erreichen, muß in jeder Datei der Startzähler für die Seitenzählung manuell auf die gewünschte Seitenzahl eingestellt werden. Hierzu muß zunächst das Menü »Einfügen/Seitenzahlen« geöffnet werden; innerhalb des sich öffnenden Fensters muß die Option »Format« gewählt werden. Jetzt kann der Beginn der Zählung festgelegt werden.

Formatvorlage »Fußzeile«

Das Zeichen- und das Absatzformat der Formatvorlage »Fußzeile« erscheint in der Regel wenig problematisch; die Standardvorgaben sehen ein weitgehend auf dem Standardformat basierendes Druckformat vor. Von diesen Vorgaben sollte in der Regel nicht abgewichen werden.

Abweichend von der allgemeinen Regel, daß alle Formatierungen im entsprechenden Druckformat vorgenommen werden sollten, erscheint es bei der Erstellung von reproduktionsfähigen Vorlagen für einen beidseitigen Druck (Buchdruck) sinnvoll, jeweils auf einer geraden und einer ungeraden Seite eine links- bzw. rechtsbündige Ausrichtung des Absatzes – stellvertretend für das gesamte Manuskript vorzunehmen.

Diese Vorgehensweise wird notwendig, da bei den Formatvorlagen nicht zwischen Fußzeilen auf geraden und ungeraden Seiten unterschieden werden kann. Wird allerdings ein Manuskript für einen einseitigen Druck erstellt, so empfiehlt es sich, die Ausrichtung des Musters auf »zentriert« zu setzen; damit erscheinen alle Seitenzahlen in der Mitte der Seite.

Neben den eigentlichen Vorgaben der Formatvorlage muß sowohl bei den Fußzeilen als auch bei den Kopfzeilen noch über die vertikale Positionierung, also über den Abstand vom eigentlichen Fließtext nachgedacht werden. Im Zusammenhang des Manuskriptlayouts wurde darauf hingewiesen, daß Kopf bzw. Fußzeilen im oberen bzw. unteren Seitenrand gedruckt werden. Die Definition des Abstandes zum Text erfolgt somit auch im Zusammenhang mit der Festlegung des Seitenlayouts (vgl. Abbildung 11 auf S. 72).

Nach Aufruf der Menüoption »Datei/Seite einrichten« kann im entsprechenden Fenster die Registerkarte »Seitenränder« gewählt werden. In der gesonderten Rubrik »Abstand vom Seitenrand« können hier Kopf- bzw. Fußzeilen getrennt positioniert werden.

Dabei ist zu beachten, daß der Abstand jeweils von der Grundlinie einer Zeile aus berechnet wird. Diese Berechnungsweise bewirkt somit, daß z.B. bei der Fußzeile die Seitenzahl optisch näher an den unteren Rand des Satzspiegels heranrückt, während bei der Kopfzeile das optische Schwergewicht mehr in Richtung auf den Papierrand verschoben erscheint; dies gilt es bei der Definition der Abstände, die ja als Distanzen zu den Papierrändern definiert werden, zu berücksichtigen. Um welchen Betrag hier vom optischen Abstand zum Satzspiegel abgewichen werden muß, hängt von der gewählten Schriftgröße ab.

Verbindliche Regeln für den Abstand zum Satzspiegel können hier nicht gegeben werden, jedoch sollte die Seitenzahl in etwa in der Mitte des unteren Seitenrandes positioniert werden.

Kopfzeilen

In den Kopfzeilen finden sich je nach Typ des Manuskriptes unterschiedliche Inhalte. Während man bei kurzen Texten wie bspw. Referaten in der Regel auf Kopfzeilen verzichtet, wird schon bei etwas längeren Texten dem Leser/ der Leserin mit der Kopfzeile eine zusätzliche Information darüber vermittelt, an welcher (inhaltlichen) Stelle in einem Manuskript er/sie sich befindet. Diese Art von Kopfzeilen werden daher auch als »lebende Kolumnentitel« bezeichnet.

Bei kürzeren Texten kann dies z.B. der Name des Autors und der (Kurz-) Titel der Abhandlung sein. Auf diese Weise wird bei jeder Manuskriptseite deutlich, um welchen Text es sich handelt. Häufig wird dabei der Name des/der AutorIn am linken Rand des Satzspiegels und der Titel am entsprechenden rechten Rand ausgerichtet. Diese Form der Kennzeichnung einzelner Seiten gewinnt besonders dann an Bedeutung, wenn der Text im Rahmen einer größeren Abhandlung, wie z.B. einer Sammlung von Aufsätzen, zu stehen kommt.

Gerade bei Aufsätzen ist es nicht erwünscht, daß auf der ersten Seite des Aufsatzes, des Artikels, o.ä., auf denen ja der Titel als Überschrift erscheint, die gleiche Information in der Kopfzeile wiederholt wird. Hier kann zum bereits erwähnten Mittel der Einrichtung einer ›anderen ersten (leeren) Seite‹ gegriffen werden.

Auch für den Inhalt der Kopfzeilen ist es von Bedeutung, ob ein einseitiger oder beidseitiger Druck vorgenommen wird. Bei kürzeren Texten bleibt dann in der Regel der Inhalt der Kopfzeilen insgesamt gleich, die Informationen werden aber auf gerade bzw.

ungerade Seiten verteilt. Eine übliche Aufteilung besteht darin, auf der geraden Seite den Autornamen anzugeben und den Titel auf der ungeraden Seite wiederzugeben.

Bei den bereits angesprochenen Sammelwerken (Aufsatzsammlungen, etc.) werden dagegen häufig die Informationen zur Gesamtpublikation und zum jeweiligen Einzelbeitrag kombiniert. Hier hat sich die Aufteilung: Gesamttitel auf der geraden Seite, Aufsatztitel (incl. Autornamen) auf der ungeraden Seite eingebürgert.

In ähnlicher Weise wird bei längeren Arbeiten verfahren. Bei der Aufteilung auf zwei unterschiedliche Kopfzeilen gibt die linke (gerade) Kopfzeile in der Regel den Titel des Gesamtwerkes wieder, während sich auf der rechten Seite Informationen zum jeweiligen Kapitel, Abschnitt oder dergleichen finden.

Anders als bei der Seitenzählung in der Fußzeile, bei der eine für das gesamte Manuskript durchgängige Zählung ja ausdrücklich erwünscht ist, muß nun aber dafür Sorge getragen werden, daß die Kopfzeilen in den verschiedenen Teilen entsprechend unterschiedlich sind.

Eine Möglichkeit, dies zu erreichen, besteht darin, die einzelnen Kapitel eines Buches in eigenen Dateien zu speichern; pro Datei können dann jeweils die Kopfzeilen neu definiert werden. Allerdings müssen dann zusätzliche Maßnahmen ergriffen werden, um eine fortlaufende Seitenzählung zu erreichen (vgl. S. 79).

Werden die Abschnitte (Kapitel, o.ä.) allerdings in einer gemeinsamen Datei gespeichert, so müssen die Teile des Manuskriptes, die eigenständige Kopfzeilen erhalten sollen, in eigenen Abschnitten stehen. Hierzu müssen vor den betreffenden Überschriften Abschnittsmarken eingefügt werden, wie dies schon im Zusammenhang mit den Seitenwechseln vor Überschriften erörtert wurde (vgl. S. 75f).

Die Inhalte der Kopfzeilen können nun mit Wirkung ausschließlich für einen Abschnitt eingegeben werden. Zu beachten ist dabei allerdings:

- Zunächst muß der Cursor im betreffenden Abschnitt positioniert werden. Anschließend wird die Kopfzeilenansicht aktiviert. Bevor der gewünschte Text eingegeben wird, muß die vom Programm standardmäßig aktivierte Funktion, daß Kopfzeilen für das gesamte Dokument gelten, deaktiviert werden; hierzu muß der betreffende Schalter (vgl. Abbildung 13; hier ist der Schalter mit einem Buch-Icon aktiviert) angeklickt und damit ausgeschaltet werden. Anschließend kann der gewünschte Text eingegeben werden.

- Die Texteingabe kann jeweils manuell erfolgen, es können aber auch Felder oder Querverweise hierfür benutzt werden. An zwei Beispielen soll dies demonstriert werden.
    - Der Name des Autors kann aus der Dateibeschreibung übernommen werden.
      Im Zusammenhang mit der Verwaltung von Materialien wurde schon darauf hingewiesen, daß zur Beschreibung einer Datei verschiedene Felder benutzt werden (»Datei/Eigenschaften«). Zu den für die Beschreibung einer Datei angebotenen Feldern zählen dabei der Name des Autors und der Titel der Datei (letztere darf nicht mit dem Dateinamen im technischen Sinne verwechselt werden). In der Option »Einfügen/Feld« stehen hierfür verschiedene Kategorien zur Verfügung. Dabei finden sich »Autor« und »Titel« als Auswahlen innerhalb der Kategorie »Dokument-Information«.
    - Die jeweilige Überschrift eines Kapitels kann als Querverweis eingefügt werden. Innerhalb der Kopfzeile wird hierzu die Menüoption »Einfügen/Querverweis« aufgerufen. Als ein Verweistyp steht hier »Überschrift« zur Verfügung; die für den betreffenden Abschnitt zuständige Überschrift kann dann aus der Liste aller Überschriften ausgewählt werden.

Formatvorlage »Kopfzeile«
Auch für die Kopfzeilen steht eine eigene Standard-Formatvorlage zur Verfügung. Welche Informationen jeweils wo eingegeben werden, wurde bereits erörtert.

Die Formatierung der Kopfzeilen ist stark von deren Inhalt abhängig. Bei einseitigem Druck des Manuskriptes wird in der Regel wie bei den Fußzeilen eine Zentrierung vorgenommen. Diese Einstellung sollte dann auch in der Standard-Formatvorlage erfolgen.

Bei beidseitigem Druck wird z.T. ebenfalls eine Zentrierung vorgenommen, häufig auch verbunden mit einer Kursivierung der Schrift; gleichzeitig wird die Schriftgröße in der Regel um einen Schriftgrad kleiner (i.e. 2pt) als diejenige des Fließtextes gewählt.

Wird mit unterschiedlichen Informationen auf geraden, bzw. ungeraden Seiten gearbeitet, so wird häufig aber auch eine Orientierung der Informationen an der Mitte eines aufgeschlagenen Buches vorgenommen, d.h. auf geraden Seiten wird die Kopfzeile rechtsbündig formatiert, auf ungeraden Seiten linksbündig. Wie schon bei den Fußzeilen muß diese Formatierung lediglich bei zwei exemplarischen Seiten vorgenommen werden.

Kopfzeilen werden darüber hinaus häufig noch zusätzlich vom Satzspiegel durch eine durchgehende Linie abgetrennt. Um eine Ausdehnung der Linie über die gesamte Breite des Satzspiegels – unabhängig vom Inhalt der Kopfzeile – zu erreichen, wird von der Rahmenfunktion Gebrauch gemacht. Zur ausführlichen Diskussion der Rahmenfunktion vgl. die gesonderten Ausführungen auf S. 91ff.

In der Standardeinstellung ist dem Absatzformat »Kopfzeile« kein Rahmen zugewiesen. Im Menübereich »Rahmen« befindet sich eine exemplarische Abbildung eines Absatzes. Durch Anklikken des unteren Randes dieses Absatzes wird dort eine Linie definiert. Sowohl deren Strichstärke als auch der Abstand zum Text des Absatzes können in diesem Menüfenster ebenfalls definiert werden.

Da diese Eigenschaft der Kopfzeile unabhängig von deren Inhalt ist, sollte diese Definition im Rahmen der Einstellungen der Standard-Formatvorlage erfolgen.

3.4 Weitere Gestaltungselemente des Manuskripttextes

3.4.1 Aufzählungen/ Listen

In Manuskripten kommt es recht häufig vor, daß eine Reihe von Argumenten aufgezählt, einige Beispiele vorgestellt oder Thesen/ Aussagen zusammengefaßt präsentiert werden sollen. In allen diesen Fällen, sowie in vergleichbaren Situationen bietet es sich an, diese Aufzählungen oder Listen auch entsprechend drucktechnisch hervorzuheben. Hierbei spricht man von Listen, wenn die einzelnen Punkte durchnumeriert werden; als Aufzählungen werden hingegen Zusammenstellungen bezeichnet, die lediglich ein graphisches Symbol zur Kennzeichnung der Listenelemente verwenden.

Für beide Aufzählungsarten steht eine Gruppe von Standardformaten zur Verfügung, deren Name jeweils mit »Liste« beginnt. Dabei wird zum einen zwischen fünf verschiedenen Listenebenen unterschieden, die sich auf der inhaltlichen Seite durch einen unterschiedlichen Grad der Unterordnung (Hierarchisierung) und auf der drucktechnischen durch zunehmende Einrückungen unterscheiden, zum anderen zwischen fünf analogen »Listenfortsetzungen«, Absätzen also, die bspw. noch zu einem Argument gehören und einen eigenen Absatz verlangen, jedoch nicht durch ein Zähl- oder Aufzählungselement gekennzeichnet werden sollen. Als dritte Gruppe stehen die Formate »Listennummer#« zur Verfügung, die sich von den ersteren vor allem dadurch unterscheidet, daß im Gegensatz zu den beiden ersten eine automatische Numerierung erfolgt.

Allen Gruppen gemeinsam ist die Definition eines hängenden Einzuges und zusätzlich ab der zweiten Ebene eines – mit zunehmender Tiefe größer werdenden – linken Einzuges. Wie auch schon bei der Zählung der unterschiedlichen Überschriftenebenen diskutiert, kann die Art der Zählung oder der Aufzählungszeichen über die Option »Format / Numerierung und Aufzählung« gewählt, bzw. verändert werden.
Beispiel für eine einfache Aufzählung:
Zu den Prosa-Werken Schnitzlers dieser Schaffensperiode zählen:

- *Fräulein Else*
- *Die Frau des Richters*
- *Traumnovelle*
- *Spiel im Morgengrauen*
- *Therese*

Erzeugt wurde diese Aufzählung durch Zuweisung der Formatvorlage »Liste« und Auswahl des betreffenden Aufzählungszeichens. Zur Vereinfachung steht für das Einsetzen eines Aufzählungszeichens ein entsprechender Button auf der Formatierungsleiste zur Verfügung.

Erscheint das standardmäßig ausgewählte Zeichen als nicht passend, so kann es über die Option »Format / Numerierung und Aufzählung« leicht modifiziert werden. Hierzu wird der entsprechende Textbereich markiert und anschließend entweder aus der entsprechenden Gruppe der Aufzählungszeichen gewählt oder über die weiterhin angebotene Unteroption »Bearbeiten« ein beliebiges Zeichen bspw. auch aus der Gruppe der Symbol-Schriftarten ausgewählt.

In analoger Weise können Listen mit einer Numerierung erzeugt werden. Hierzu wird ebenfalls der Textabschnitt markiert, das Standardformat »Liste« zugewiesen und die entsprechende Aufzählungsart ausgewählt.

Beispiel für eine numerierte Liste:
Zu den Vertretern dieser Epoche gehören:

1. Hartmann von Aue
2. Wolfram von Eschenbach
3. Gottfried von Straßburg

Über die schon genannte Unteroption »Bearbeiten« kann in diesem Fall nicht auf beliebige Zeichen zugegriffen werden (nur für Ziffern und das Alphabet ist eine Reihenfolge definiert), es können aber die Zeichen vor und/oder nach dem Zählzeichen definiert werden. So sind bspw. auch Zählungen der folgenden Art möglich:

<A>	[1]	a}
<B>	[2]	b}
<C>	[3]	c}

Etwas komplizierter wird der Fall, wenn in Listen oder Aufzählungen zusätzlich Hierarchien enthalten sind. Ähnlich wie bei einer Gliederung oder einem Inhaltsverzeichnis werden zu einem Gesichtspunkt verschiedene Unterpunkte aufgeführt. Hier finden die Standarddruckformate der Gruppe »Liste« mit den entsprechenden Ebenenzählungen ihre Verwendung. Zusätzlich zum hängenden Einzug werden die Absätze insgesamt eingerückt. Die Vorgaben des Programms sehen einen zusätzlichen Einzug von 0,5 cm pro Ebene vor.

Im Gegensatz zur Zählung im Rahmen der Gliederungsfunktion, die ja eine automatische Fortsetzung der Zählung auf der gleichen Ebene auch bei eingefügten tieferen Ebenen vornahm, ist die Fortsetzung der Zählung auf der identischen Ebene einer Liste nicht ganz so leicht herbeizuführen. Auch wenn die entsprechenden Formatvorlagen für eine tiefere Ebene zugewiesen wurden, wird die Zählung über alle Ebenen hinweg kontinuierlich durchgeführt, wird allen Aufzählungsebenen ein identisches Aufzählungszeichen zugeordnet.

Den Grund für dieses Verhalten erkennt man sehr schnell, wenn man sich die Standardvorgaben sowohl für die Art der Aufzählung als auch für die Art der Zählung bei den verschieden Druckformaten näher betrachtet. Sowohl bei der Art der Aufzählung als auch bei der Form der Zählung ist für alle Ebenen die identische Auswahl getroffen.

Soll dagegen auf unterschiedlichen Ebenen jeweils ein anderes Zeichen Verwendung finden oder soll die Zählung jeweils neu beginnen, so müssen für jede Ebene die Standardvorgaben geändert werden und die gewünschte Art der Aufzählung resp. der Zählung festgelegt werden. Hierzu wird innerhalb der Option »Format / Formatvorlage« das gewünschte Druckformat ausgewählt und anschließend die Optionen »Bearbeiten« sowie »Format« gewählt. Hierauf kann dann die Option »Numerierung« ausgewählt werden.

Allerdings zeigt sich nun, daß die programmtechnische Verbindung von Aufzählung und Numerierung hier zu Schwierigkeiten führt. Es kann nämlich innerhalb beider Gruppen die gewünschte Auswahl getroffen werden. Aus dem Standardformat »Listennummer2« z.B. kann sowohl ein numerierendes wie eine aufzählendes Element zweiter Ordnung gemacht werden. Es empfiehlt sich allerdings, das Format »Listennummer« als zählendes Element beizubehalten.

Will man in einem Manuskript dagegen beide Formen parallel einsetzen, so muß zum Mittel der Definition eigener Druckformate gegriffen werden. Zu den hier notwendigen Schritten vgl. die Ausführungen auf S. 51ff.

Hat man die gewünschte Form der Numerierung für die verschiedenen Ebenen festgelegt und wendet nun die verschiedenen Formate der Gruppe »Listennummer#« auf die entsprechenden Absätze an, so zeigt sich, daß zwar korrekt auf der niedrigeren Ebene mit der Zählung in der gewünschten Form neu begonnen wird, bei der Fortsetzung der Liste auf der höheren Ebene nun aber jeweils ebenfalls mit der Zählung wieder neu begonnen wird. Das Programm ist also nicht in der Lage, mehrfache Verschachtelungen zu erkennen und entsprechend zu reagieren.

In einem solchen Fall ist der Benutzer gezwungen, manuell in die Numerierung einzugreifen, indem er innerhalb der Option »Format / Numerierung« »Bearbeiten« anwählt und den Start des Zählers in der Rubrik »Beginnen mit« auf den entsprechenden Wert setzt. Bei größeren, tief verschachtelten Listen kann dies zu einem erheblichen Aufwand führen. In der Regel werden derartig komplexe Listen in geisteswissenschaftlichen Arbeiten nicht notwendig, so daß mit einer zweistufigen oder dreistufigen Liste der Aufwand in einem vertretbaren Rahmen bleibt.

3.4.2 Tabellen

In einer Reihe von Fällen kann es sinnvoll sein, Aufzählungen und dergleichen nicht in Form einfacher Listen vorzunehmen. Die Beziehungen zwischen verschiedenen Elementen lassen es vielmehr geboten erscheinen, die einzelnen Elemente in einer Tabelle aufzuführen. Als Beispiel sei eine Spielplananalyse angeführt:

	Krefeld		Elberfeld 1		Elberfeld 2	
Schauspiel	6	9,8%	5	5,2%	4	7,8%
Trauerspiel	11	18,0%	16	16,5%	7	13,7%
Lustspiel	10	16,4%	31	32,0%	11	21,6%
Oper	21	34,2%	23	23,7%	15	29,4%
Drama	3	4,9%	5	5,2%	2	3,9%
Posse, Schwank	2	3,3%	5	5,2%	3	5,9%
Singspiel	2	3,3%	4	4,1%	3	5,9%
Vaudeville	1	1,6%	4	4,1%	0	0
Gemälde	4	6,6%	2	2,1%	2	3,9%
Sonstige	1	1,6%	2	2,1%	4	7,8%
Gesamtzahl	61		97		48	

Tabelle 1: Auswertung nach Gattungen

Anhand der Erstellung dieser Tabelle sollen einige Grundelemente der Tabellenerstellung und Bearbeitung erläutert werden.

Für die Erstellung und Bearbeitung von Tabellen steht eine eigene Menügruppe zur Verfügung. Für die erstmalige Erstellung sollte auf diese Hilfe des Programms nicht verzichtet werden. Nach Anwahl der Option »Tabelle einfügen« kann in einem eigenen Fenster die Anzahl der Spalten und Zeilen eingestellt werden. Im obigen Beispiel wurden 7 Spalten und 11 Zeilen ausgewählt; die Berechnung der Spaltenbreite wurde dem Programm überlassen (Auswahl »Auto«).

Als Ergebnis ist eine Matrix von 7x11 Feldern gleichmäßig über die Breite des Satzspiegels verteilt; allerdings sind lediglich die besonderen Zeichen für das Feldende (analog zu den Absatzmarken) sichtbar. Es könnten nun zwar schon die entsprechenden Inhalte der Felder eingegeben werden, der besseren Übersichtlichkeit willen sollten aber zuvor Rahmen und Gitterlinien in einheitlicher Strichstärke eingefügt werden (vgl. die Ausführungen zu Rahmen auf S. 91ff).

Als zweiter Schritt sollten die Feldinhalte eingefügt werden, d.h. in diesem Fall die Gattungen und zugehörigen Zahlenwerte in den Zeilen 2–10; die Zeilen 1 und 11 sollten zunächst frei bleiben.

Nun sollte mit der Anpassung der Spaltenbreiten resp. in den Zeilen 1 und 11 auch der Veränderung der Spaltenanzahl begonnen werden. Zunächst wird die erste Spalte insgesamt markiert; dies kann durch die entsprechende Menüoption geschehen oder durch Positionierung des Cursors auf die obere Begrenzungslinie der ersten Spalte (die Darstellungsform des Cursors ändert sich) und anschließendes Klicken. Wird der Cursor nun auf die rechte Begrenzung der markierten Spalte positioniert (der Cursor wird zu einer Doppellinie), kann bei gedrückter Maustaste die Begrenzung des Feldes verschoben und die gewünschte Spaltenbreite eingestellt werden.

Für die übrigen sechs Spalten kann analog verfahren werden, es kann aber auch auf die Menüoption »Tabelle/Zeilenhöhe und -breite« zugegriffen werden. In dem sich öffnenden Auswahlfenster kann für die jeweils markierte Spalte ein absoluter Wert für die Breite angegeben werden.

Im Unterschied zum Verschieben mittels der Maus ändert sich bei Nutzung der Menüoption die Gesamtbreite der Tabelle. Bei der Verschiebeoperation am Bildschirm bleibt zwar die Gesamtbreite erhalten, es wird allerdings schwieriger, eine exakt gleiche Breite entsprechender Spalten nur nach Augenmaß vorzunehmen.

Im nächsten Schritt wird die Anzahl der Felder in Zeile 1 und 11 reduziert: Hierzu werden jeweils drei Felder markiert und mittels der Menüoption »Tabelle/Zelle löschen« entfernt. Die verbleibenden vier Felder nehmen nun allerdings nicht mehr die gesamte Breite der Tabelle ein. Die Felder 2, 3 und 4 in den Zeilen 1 und 11 werden nun jeweils einzeln markiert und so auf die entsprechenden Spaltenbreiten gebracht, daß die Begrenzungslinien mit den Begrenzungslinien der Zeilen 2 – 10 zur Deckung kommen (Ziehen am Bildschirm oder Menüoption).

Abschließend werden geeignete Bereiche der Tabelle markiert und Rahmen bzw. Linien in den gewünschten Strichstärken hinzugefügt; die ursprünglichen Linien werden dabei automatisch überschrieben. Durch unterschiedliche Strichstärken oder durch Verzicht auf Trennlinien können so Gruppenbildungen verdeutlicht werden.

Dieses verhältnismäßig einfache Beispiel zeigt, wie sowohl durch die graphischen Mittel unterschiedlicher Linien, vor allem aber auch durch Erstreckung einzelner Felder (Zellen) über mehrere Spalten die Korrespondenz verschiedener Informationen deutlich hervorgehoben werden kann.

Gerade diese Erstreckung über mehrere Spalten stellt ein probates Mittel dar, um besondere Zusammenhänge deutlich werden zu lassen. Bei der vertikalen Erstreckung eines Feldes über mehrere Zeilen hinweg versagt dieses Mittel allerdings. Hier kann lediglich zur Hilfskonstruktion gegriffen werden, daß mehrere Felder in einer Spalte durch einen Rahmen zu einer optischen Einheit zusammengefaßt werden und der entsprechende Text auf die verschiedenen Felder verteilt wird. Vgl. hierzu das Beispiel im Zusammenhang der Darstellung der Rahmenfunktion auf S. 93.

Unabhängig von der Möglichkeit, mehrere Felder optisch zusammenfassen, können vergleichbare Effekte erzielt werden, wenn die vertikale Erstreckung eines Feldes verändert wird. Dies kann (allerdings nur mit Wirkung für eine gesamte Zeile) über die Option »Tabelle/Zeilenhöhe und -breite« oder durch Eingabe von Text, der mehr Platz benötigt, als auf einer einzelnen Spaltenbreite zur Verfügung steht, erfolgen. Im zweiten Fall führt das Programm einen automatischen Zeilenumbruch (innerhalb der Spalte) durch und vergrößert automatisch die Höhe der gesamten Zeile. In den korrespondierenden Feldern der gleichen Zeile kann dann der Text durch Eingabe von Zeilenschaltungen in begrenztem Umfang auch vertikal positioniert werden.

Werden die darzustellenden Zusammenhänge allerdings zu komplex, wie dies bspw. in Struktogrammen häufig der Fall ist, so sollte erwogen werden, ob nicht ein geeignetes anderes Programm zur Erstellung herangezogen werden muß. Das Ergebnis kann dann als Graphik in das Manuskript eingebunden werden (vgl. zur Einbindung von Graphiken und Bildern den folgenden Abschnitt und insbesondere Abbildung 16 auf S. 95).

Tabellen-Über- bzw. Unterschriften

Tabellen werden zur besseren Identifikation häufig mit einer Überschrift versehen; diese kann auch unter der Tabelle angebracht werden. Dies kann zwar prinzipiell mit einer ›normalen‹ Textzeile erfolgen, wird allerdings von der gesonderten Programmoption zur »Beschriftung« Gebrauch gemacht, so ergeben sich nicht nur bei der Zählung der Tabellen, sondern auch bei einer Referenz auf diese Tabelle an einer anderen Stelle im Text entscheidende Vorteile. Es kann dann nicht nur wie bei Textmarken automatisch auf die entsprechende Seitenzahl verwiesen werden, sondern ebenfalls auf die Nummer der Tabelle und den Über- bzw. Unterschriftentext (vgl. hierzu die allgemeinen Ausführungen zu Querverweisen auf S. 108ff).

Zur Erstellung einer Beschriftung wird zunächst die Tabelle markiert und anschließend die Menüoption »Einfügen/Beschriftung« aufgerufen. Standardmäßig ist dann die Kategorie »Tabelle« bereits ausgewählt, es kann aber auch eine neue Kategorie – wenn bspw. verschiedene Typen von Tabellen existieren – erstellt werden. Als Über- bzw. Unterschrift wird dann der Name der Kategorie und eine Zählung vorgeschlagen. Dabei kann definiert werden, daß in die Zählung ein Hinweis auf das aktuelle Kapitel, etc. aufgenommen wird und der Text der Überschrift kann – bspw. durch Hinweise auf den Inhalt der Tabelle – beliebig ergänzt werden. Man vergleiche hierzu die zahlreichen Beschriftungen der Abbildungen in diesem Band.

3.4.3 Rahmen

Ein einfaches, aber wirkungsvolles Mittel, um bestimmte Teile vom übrigen Manuskript abzuheben, ist der Einsatz von Linien und Rahmen. Häufige Beispiele hierfür sind die Einrahmung von Abbildungen insgesamt, das Einfügen von optischen Trennlinien zwischen Textabschnitten und – der häufigste Anwendungsfall – die Linien zwischen den einzelnen Feldern von Tabellen (zu Funktion und Erstellung von Tabellen vgl. S. 87ff).

Im einfachsten Fall wird um einen einzelnen Absatz insgesamt ein Rahmen gezeichnet. Von dieser Möglichkeit wird z.B. bei Graphiken oder Abbildungen sehr häufig Gebrauch gemacht. Aber auch wichtige Textabschnitte, wie z.B. Definitionen o.ä. können mit diesem Mittel vom übrigen Text abgehoben werden.

Zum Zeichnen eines Rahmens wird der Cursor im betreffenden Absatz positioniert, anschließend wird die Menüoption »Format/Rahmen« aufgerufen.

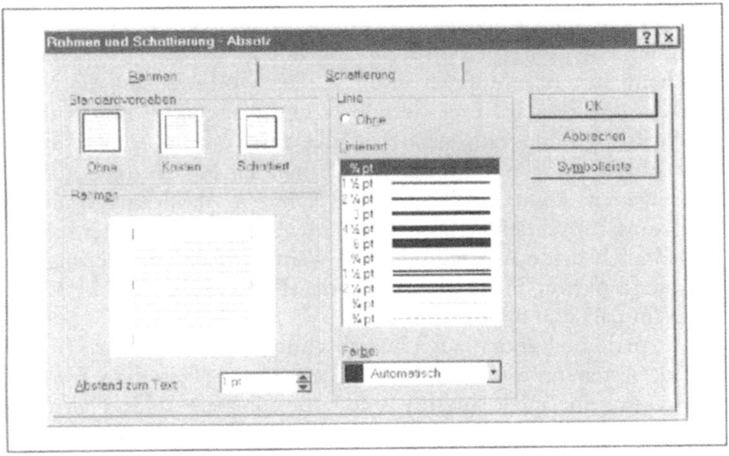

Abbildung 15: Rahmen

Im Falle von eingefügten Graphiken sieht die Standardeinstellung, anders als dies in Abbildung 15 angezeigt wird, keinen Rahmen vor. Zum Zeichnen eines Rahmens um die gesamte Abbildung sollte zunächst die gewünschte Strichstärke (evtl. auch eine bestimmte Linienart) ausgewählt werden. Danach muß lediglich die Option »Kasten« aktiviert werden. Im ›Beispielfenster‹ werden dann die entsprechenden Linien angezeigt. Innerhalb der Rubrik »Abstand zum Text« kann dann der Abstand der Linie vom eingeschlossenen Objekt – unabhängig davon, ob es sich tatsächlich um Text oder um eine Graphik handelt – gewählt werden.

Der Abstand zum Text vor oder nach der Abbildung bzw. zum umgebenden Text wird entweder im Rahmen der Absatzformatierung oder der Einstellungen des sogenannten »Positionsrahmens« vorgenommen (vgl. hierzu S. 97ff).

In dieser einfachsten Form handelt es sich bei der Rahmenfunktion quasi um eine weitere Eigenschaft eines Absatzes. In dieser ›einfachen‹ Form kann die Funktion auch benutzt werden, um optische Trennlinien in ein Manuskript einzugeben. Hierzu wird lediglich eine einzelne waagerechte Linie (in der Regel an der Unterseite des Absatzes) ausgewählt und über die Funktion »Abstand zum Text« vom Manuskripttext abgehoben. Ein häufiger Anwendungsfall hierfür ist die optische Abtrennung der Kopfzeilen vom Fließtext des Manuskriptes.

Nicht in allen Fällen soll aber ein einzelner Absatz durch einen Rahmen von seiner Umgebung abgehoben werden. Im Zusammenhang mit Abbildungen und Tabellen wird z.B. auf die Möglichkeit der Beschriftung derselben eingegangen. Eine derartige Beschriftung bildet eine separate Zeile unter oder über der Tabelle oder Abbildung. Programmtechnisch handelt es sich dabei um einen eigenen Absatz. Soll nun der Rahmen Abbildung und Beschriftung umschließen, so müssen vor Aufruf der Rahmenfunktion lediglich beide Absätze markiert werden; nach Aktivierung der Rahmenfunktion bietet sich dann das Bild, wie es in Abbildung 15 exemplarisch vorgeführt wurde.

In Analogie können auch Textabschnitte, die aus mehreren Absätzen bestehen, mit einem einzigen Rahmen versehen werden. Anwendungsbeispiele hierfür sind z.B. Glossare oder Definitionen, die auf diese Weise stärker vom übrigen Text abgehoben werden.

Ist mehr als ein Absatz markiert, so können innerhalb des Gesamtrahmens zusätzlich waagerechte Linien gezogen werden; hierzu wird im »Beispielfenster« in der Mitte geklickt. Zwischen den markierten Absätzen werden hierdurch Trennlinien eingefügt. Sollen in einem Gesamtrahmen, der mehrere Absätze enthält, einige Absätze optisch abgetrennt werden, andere dagegen nicht, so müssen die entsprechenden Absatzmarkierungen (unterschiedlichen Umfangs) in sukzessiven Schritten vorgenommen und die entsprechenden Rahmenoptionen ausgewählt werden. Dabei kann insbesondere die Möglichkeit genutzt werden, vor dem Zeichnen einer Linie die Definition einer Linienart oder Strichstärke vorzunehmen. Weiterreichende Möglichkeiten ergeben sich im Zusammenhang mit Linien innerhalb von Tabellen.

Komplexe Rahmen innerhalb von Tabellen

Bei den bereits erörterten Tabellen wird in aller Regel von der Rahmenfunktion Gebrauch gemacht. Die Rahmenfunktion wird hier zusätzlich um die Möglichkeit erweitert, neben den waagerechten auch senkrechte Linien zwischen den einzelnen Spalten ziehen zu können. Die Rahmenfunktion ist somit keineswegs auf Absätze beschränkt, sie ist auch auf Felder (im Zusammenhang der Tabellenfunktion von Textverarbeitungsprogrammen auch als »Zellen« bezeichnet) anwendbar.

Bei einer einfachen Tabelle, deren Felder jeweils gleich breit sind, und die insgesamt einen Rahmen sowie Trennlinien zwischen den einzelnen Feldern erhalten soll, müssen nach Markierung der gesamten Tabelle lediglich die Funktionen »Rahmen« und »Gitternetzlinien aktiviert werden. In Tabelle 1 auf S. 87 wurde ein zwar nicht triviales, aber dennoch einfach strukturiertes Beispiel gegeben.

Bei komplexeren Tabellen können sowohl unterschiedliche Stricharten und -stärken zum Einsatz kommen, wie auch einzelne Felder oder Gruppen von Feldern ganz oder teilweise ohne begrenzende Linien enthalten sein können. Auch hier gilt das beschriebene Vorgehen bei mehreren Absätzen in Analogie. Der Bereich einer Tabelle, der mit einem Rahmen einer bestimmten Strickstärke versehen werden soll, muß vor Aufruf der Rahmenfunktion markiert werden. Durch entsprechenden sukzessiven Einsatz dieser Funktion können auch recht aufwendige Tabellen erzeugt werden:

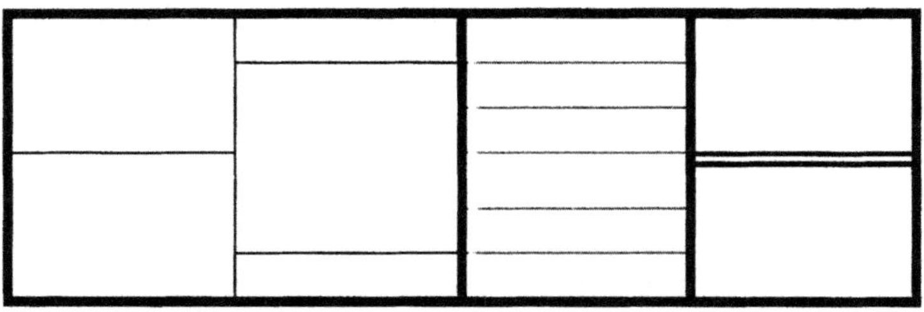

Tabelle 2: Komplexe Rahmenstruktur

3.4.4 Graphiken und Bilder

Zur Erläuterung komplexer Sachverhalte oder als Abbildung einer Quelle können in ein Manuskript Graphiken und Bilder eingebunden werden. Mußten vor noch nicht allzu langer Zeit in diesen Fällen im Manuskript Leerstellen gelassen werden und in der endgültigen Manuskriptfassung dann Kopien oder Originalfotos eingeklebt werden, so ist es im Zuge der vereinfachten Möglichkeiten der Digitalisierung von Bildquellen möglich geworden, Graphiken und vor allem auch Bilder unmittelbar in ein Manuskript einzufügen.

Soll ein Manuskript publiziert werden, so kann es – insbesondere, wenn an die Reproduktionsqualität von Bildern besondere

Ansprüche gestellt werden – aber auch heute noch notwendig sein, zu diesem ›Leerstellenverfahren‹ zu greifen und die Reproduktion und Einbindung der Photos – am besten kontrastreiche s/w Photos – dem Verlag resp. der Satzanstalt (mit ihren weiterreichenden technischen Möglichkeiten) zu überlassen.

In diesem Fall sollte für die Abbildung, etc. ein einzelner (leerer) Absatz eingefügt werden und durch Definition entsprechender Abstände vor und/oder nach dem Absatz der notwendige Leerraum geschaffen werden. Auf diese Weise wird sichergestellt, daß der notwendige Platz auch auf einer Seite zur Verfügung steht und nicht – wie dies bei Schaffung von Leerraum durch eine Vielzahl von Leerzeilen häufig auftritt – der reservierte Platz durch einen Seitenumbruch auf zwei Manuskriptseiten verteilt und damit für den eigentlichen Zweck nicht zur Verfügung steht.

Eine weitere Möglichkeit zur Schaffung eines entsprechenden Leerraumes besteht darin, an der betreffenden Stelle einen (leeren) Positionsrahmen einzufügen (vgl. hierzu S. 97ff). Bei dieser Programmoption kann zusätzlich der Forderung, daß die Bildunterschrift im Text des Manuskriptes enthalten sein muß, leichter Rechnung getragen werden. Hierfür kann dann die Option »Beschriftung« herangezogen werden (vgl. S. 89ff).

Es ist an dieser Stelle nicht möglich, auf die verschiedenen Verfahren der Gewinnung von digitalem Bildmaterial einzugehen. In unserem Zusammenhang wird daher davon ausgegangen, daß entsprechendes Bildmaterial zur Verfügung steht. Diskutiert werden sollen hier vor allem die Anwendungsfälle »Graphiken« und »Bilder«.

Programmtechnisch sind beide Fälle analog zu behandeln. In der einfachsten Form wird ein leerer Absatz eingefügt und die Menüoption »Einfügen/Graphik« aufgerufen. Das Programm eröffnet nun die Möglichkeit, auf der Festplatte des eigenen Computers (natürlich auch auf dem Diskettenlaufwerk) nach der entsprechenden Graphikdatei zu suchen und diese auszuwählen.

Es kann an dieser Stelle nur darauf hingewiesen werden, daß es eine Vielzahl unterschiedlicher Speicherungsformate für Graphiken und Bilder gibt. Für die ›gängigen‹ Formate stehen sog. Importfilter zur Verfügung. Sollte die Datei in einem vom Textverarbeitungsprogramm nicht unterstützten Format vorliegen, so sollte versucht werden, durch Veränderung des Speicherformates im erzeugenden Programm oder durch Konvertierung mittels eines externen Programms ein geeignetes Datenformat zu erzeugen.

Nach Auswahl der betreffenden Datei wird die Graphik bzw. das Bild in der Originalgröße in das Manuskript eingefügt. Wird die Graphik angeklickt, so erscheint um die Graphik herum ein Kasten, der zusätzlich an den vier Eckpunkten sowie in der Mitte der Begrenzungslinien schwarze Quadrate aufweist. Diese Haltepunkte können (durch Anklicken und Festhalten der Maustaste) dazu benutzt werden, die Größe der Abbildung innerhalb des Textverarbeitungsprogramms zu verändern. Verschiebungen der Seitenlinien und der oberen bzw. unteren Begrenzung verzerren dabei die Abbildung, während Größenänderungen mittels der Eckpunkte die Proportionen der Abbildung erhalten.

Wird beim Ziehen an den Haltepunkten gleichzeitig die Großschreibungstaste (shift-Taste) gedrückt, so wird der sichtbare Ausschnitt der Graphik verändert. Auf diese Weise können auch Ausschnitte aus größeren Abbildungen in den Text aufgenommen werden, ohne daß zuvor mit anderen Programmen entsprechende Ausschnitte erstellt werden müssen.

An einer vereinfachten Darstellung einer rhetorischen Argumentationsanalyse kann dies verdeutlicht werden. Diese wurde mit einem Graphikprogramm erzeugt und anschließend importiert. Eine (unangenehme) Eigenschaft dieser Datei war dabei, daß sich die eigentliche Darstellung in der oberen Hälfte der Seite befand, die untere Hälfte der Seite aber als Bestandteil der Graphik mit importiert wurde. Ohne Einsatz des angesprochenen Verfahrens wäre somit unter der Graphik ein unerwünschter Freiraum entstanden.

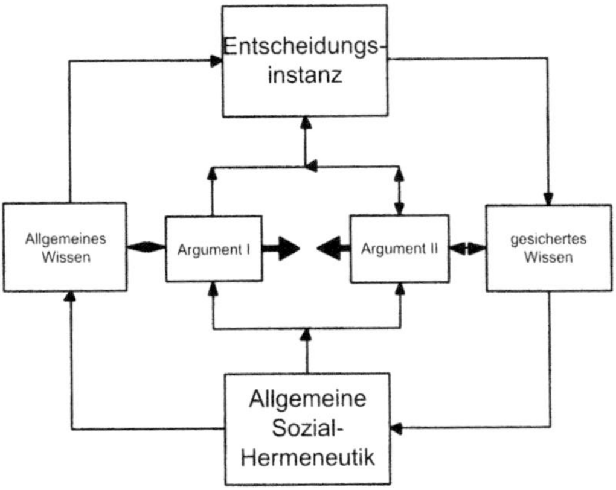

Abbildung 16: Beispielgraphik: Rhetorische Argumentationsanalyse

Bei der folgenden Abbildung handelt es sich im Gegensatz zur Graphik (im eigentlichen Sinne) um die Abbildung einer Internet-Seite.

Abbildung 17: Internet-Seite (proportional verkleinert)

Ein Einfügen von Graphiken und Bildern auf die beschriebene Weise plaziert die graphischen Objekte an einer festgelegten Stelle innerhalb des fortlaufenden Manuskripttextes. Der Text endet vor dem Objekt und wird unter diesem wieder fortgesetzt, ohne daß evtuell frei bleibender Raum links und rechts vom Objekt zur Textwiedergabe genutzt wird.

Darüber hinaus kann zusätzlicher freier Raum entstehen, weil der auf einer Seite noch zur Verfügung stehende Raum nicht ausreicht, um die Abbildung wiederzugeben. In einem solchen Fall wird der Rest der Seite frei gelassen, und die Abbildung steht auf einer neuen Seite. Selbst wenn bei der Erstellung des Manuskripttextes darauf geachtet wurde, daß solche Fälle nicht vorkommen, kann es durch nachträgliche Änderungen am Text oder durch Veränderungen am Layout insgesamt zu diesen – in der Regel unerwünschten – Effekten kommen.

3.4.5 Positionsrahmen

Um insbesondere graphische Objekte besser im Rahmen eines Manuskriptes positionieren zu können, kann einer Graphik, einem Bild – aber auch einer Tabelle und sogar einzelnen Textabschnitten – ein sog. Positionsrahmen zugeordnet werden. Ein Positionsrahmen kann an jeder Stelle des Textes eingefügt und anschließend auf dem Positionsrahmen ein graphisches Objekt plaziert werden, es kann aber auch einer Gruppe von Absätzen, einer Tabelle oder einem graphischen Objekt nachträglich ein Positionsrahmen hinzugefügt werden. Im ersten Fall wird nach Aktivieren der Menüoption »Einfügen/Positionsrahmen« bei gedrückter (linker) Maustaste von einer beliebigen Stelle im Manuskript aus quer über den Bildschirm gezogen und es erscheint ein – durch schraffierte Linien sichtbares – Rechteck. Auch dieses weist die schon bekannten Haltepunkte auf. Auf diesem Positionsrahmen kann dann das gewünschte Objekt durch Einfügen plaziert werden.

Bei der Zuweisung eines Postionsrahmens zu einem bereits vorhandenen Objekt muß dieses zuvor markiert, bzw. im Falle von Graphiken oder Bildern aktiv sein. Hier kann die genannte Menüoption benutzt werden oder es kann – nach einem Klick mit der rechten Maustaste – aus einem speziellen Menü entsprechend gewählt werden.

Positionsrahmen haben neben der bereits von den Graphiken her bekannten Eigenschaft der Veränderbarkeit der Größe zusätzliche Eigenschaften. So verändert ein Ziehen an den Eckpunkten zwar ebenfalls das auf dem Positionsrahmen befindliche Objekt proportional, eine Verkleinerung des Positionsrahmens bspw. mittels der unteren Begrenzung verdeckt bei zu geringer eingestellter Größe schließlich Teile des auf ihm plazierten Bildes. In diesem Fall wirkt der Positionsrahmen wie ein Fenster und kann dazu benutzt werden, lediglich Ausschnitte aus Abbildungen sichtbar zu machen.

Diese ›Fenstertechnik‹ kann bei unmittelbar eingefügten Bildern auch ohne Positionsrahmen angewandt werden. Der beschriebene Effekt tritt dann ein, wenn während des Verschiebens einer Seite der Begrenzung gleichzeitig die Großschreibungstaste gedrückt wird.

Positionsrahmen können aber – und hierauf weist ihre Namensgebung ausdrücklich hin – insgesamt auf einer Seite verschoben und an beliebiger Stelle positioniert werden; darüber hinaus kann ihr ›Verhalten‹ gegenüber dem umgebenden Text festgelegt werden. Positionsrahmen können – als selbst nicht sichtbare Objekte – andere (sichtbare) Objekte transportieren und dadurch indirekt sichtbar werden; sie können an beliebiger Stelle im Text verankert werden.

Im Beispiel wurde zunächst lediglich Text auf dem Positionsrahmen aufgebracht, um das an sich ja nicht sichtbare Objekt anzuzeigen. Für die Veränderung der Eigenschaften des Positionsrahmens steht ein eigener Formatbefehl zur Verfügung. Dieser kann wiederum bei aktiviertem Positionsrahmen direkt aus dem Menü oder durch einen Klick mit der rechten Maustaste aufgerufen werden.

Positions-
rahmen
sichtbar
gemacht

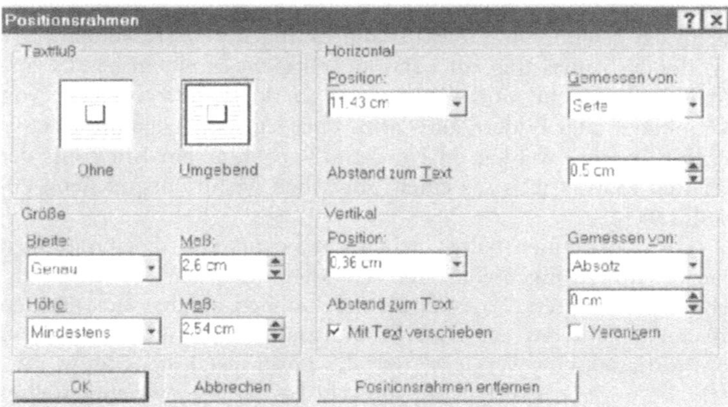

Abbildung 18: Formatierung des Positionsrahmens

Die in der Abbildung sichtbaren Optionen lassen sowohl eine Plazierung des Positionsrahmens durch Angabe von Distanzen zu, wie sie vor allem auch den Textfluß, d.h. das Verhalten des Manuskripttexts im Verhältnis zum Objekt selbst, zulassen. Darüber hinaus kann der Abstand, der zum Objekt eingehalten werden muß, in horizontaler wie vertikaler Richtung definiert werden.

Es steht ebenfalls die Option zur Verfügung, daß Text nur ober- bzw. unterhalb des Positionsrahmens zu stehen kommen darf; bei dieser Definition ähnelt der Positionsrahmen in seinen Eigenschaften denen einer eingefügten Graphik, jetzt allerdings nicht mehr auf Graphiken beschränkt, sondern auch anwendbar auf Tabellen und sogar Textabschnitte. Diese Ähnlichkeit gilt allerdings nur so lange, wie die Auswahl »Mit Text verschieben« aktiviert ist. Wird dagegen »Verankern« gewählt, so kann eine feste Position auf einer Seite festgelegt werden; unabhängig davon, wie sich die Menge des umgebenden Textes verändert, wird diese Position beibehalten, Der Text fließt entsprechend um das verankerte Objekt herum.

Eine solche Verankerung kann z.B. dann sinnvoll sein, wenn eine größere Abbildung am Beginn einer neuen Seite positioniert werden soll, der Platz für den Fließtext gleichzeitig aber optimal ausgenutzt werden soll. In einem solchen Fall kann bei der verbalen Referenz auf eine Abbildung, Tabelle, o.ä. im fortlaufenden Text nicht ohne weiteres eine Formulierung wie »die folgende Abbildung zeigt ...« verwandt werden, da die relative Position der Abbildung zu dieser Aussage ja nicht sicher feststeht.

Gerade für diese Fälle ist es von besonderer Wichtigkeit, daß von der Möglichkeit zur Beschriftung Gebrauch gemacht wird.

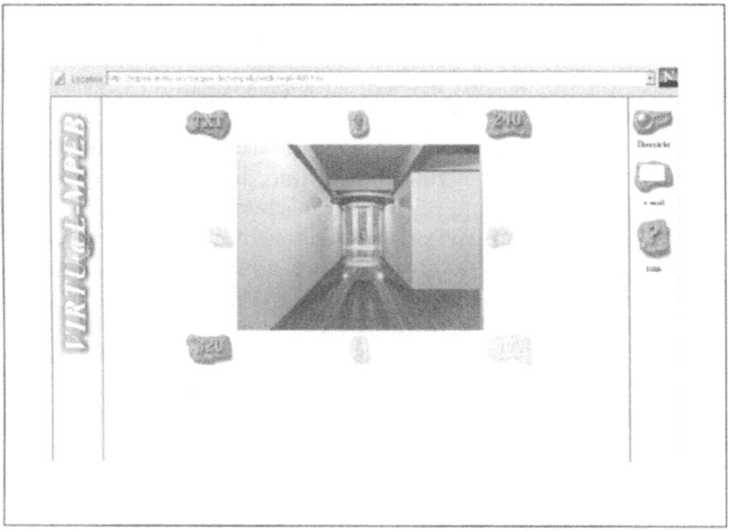

Abbildung 19: Virtueller Studiengang

Die Ausführungen im Rahmen der Darstellung von Tabellen und zu den Referenzen auf derartige Beschriftungen im Zusammenhang mit Querverweisen gelten in Analogie. Auch hier kann von der Möglichkeit Gebrauch gemacht werden, neben der allgemeinen Kategorie »Abbildung« eine weitere Gruppenbildung durch Definition weiterer Kategorien vorzunehmen. Auf diese Weise können später auch unterschiedliche Verzeichnisse zu den Gruppen von Abbildungen erstellt werden (vgl. hierzu S. 123).

Positionsrahmen können ihrerseits mit einem Rahmen versehen werden; so können bspw. auch Bilder mit ihren Beschriftungen gemeinsam eingerahmt, verschoben, resp. verankert werden.

Die Ausführungen zur Rahmenfunktion und insbesondere der Hinweis, daß ein Rahmen um einen markierten Bereich gezogen werden kann, gilt hier in Analogie. Dabei kommt dem Positionsrahmen ein automatischer Gruppierungseffekt für auf ihm positionierte Objekte zu. Selbstverständlich können aber auch auf dem Positionsrahmen befindliche Objekte – wie bspw. das Bild in Abbildung 19 – ihrerseits separat mit einem Rahmen versehen werden.

3.5 Dokumentvorlagen

Im Zusammenhang mit den Formatvorlagen wurde bereits mehrfach darauf hingewiesen, daß es möglich ist, selbst entwickelte Formatvorlagen ebenso wie die persönlichen Einstellungen an Standardformatvorlagen zu sammeln und diese für zukünftige Arbeiten und Manuskripte nutzbar zu machen. Hierzu muß von der Funktion der Dokumentvorlagen Gebrauch gemacht werden, deren allgemeine Funktionsweise daher zunächst kurz dargestellt werden muß.

Beim erstmaligen Öffnen eines Dokumentes (»Datei/Neu«) wird ein Fenster eingeblendet, das die Auswahl zwischen verschiedenen Gruppen (z.B. »Briefe«, »Memos«, etc.) und innerhalb der Gruppen zwischen verschiedenen Vorlagen erlaubt. Wird eine dieser Vorlagen ausgewählt, so enthält die neue Textdatei bereits eine Reihe von Text- und Gestaltungselementen. Insbesondere stehen auch eine Reihe von speziellen Formatvorlagen zur Verfügung.

Während die Standardvorlagen überwiegend an den Bedürfnissen der Bürokommunikation orientiert sind, kann diese Funktion aber auch dazu benutzt werden, eigene Dokumentvorlagen zu erstellen und zukünftige Manuskripte auf der Grundlage der eigenen Vorlage zu erstellen.

Grundsätzlich kann jedes Dokument beim Speichern nicht nur als Textdatei sondern auch als Dokumentvorlage abgespeichert werden. Hierzu muß nach Aufruf der Menüoption »Datei/Speichern unter« lediglich der Dokumenttyp »Dokumentvorlage« ausgewählt und ein entsprechender Name vergeben werden. Der gesamte textliche Inhalt der Datei wie auch die speziellen Einstellungen an den Formatvorlagen sowie eigene Formatvorlagen sind nunmehr Bestandteil der Dokumentvorlage, die nach erfolgter Speicherung für zukünftige Manuskriptdateien zur Verfügung steht.

Nun macht es wenig Sinn, nach Abschluß der Arbeit an einem Manuskript den gesamten Text als Vorlage für zukünftige Arbeiten zu speichern; lediglich die Arbeit am Layout und die strukturellen Arbeiten bspw. für die logische Auszeichnung eines Textes sollen ja für zukünftige Texte zur Verfügung stehen. Es bietet sich daher an, nach Beendigung der Arbeiten am Manuskript zunächst eine Kopie der Datei anzulegen. Aus dieser Datei wird dann der gesamte Text entfernt. Anschließend wird die – scheinbar leere – Datei als Dokumentvorlage mit einem selbstgewählten Namen abgespeichert. Wird diese Vorlage dann für ein neues Manuskript benutzt, so stehen alle selbst entwickelten resp. den eigenen Bedürfnissen angepaßten Formatvorlagen auch im neuen Dokument zur Verfügung.

Dieses Vorgehen bietet sich für die erstmalige Anlage einer eigenen Dokumentvorlage an. Betont wurde aber schon, daß die Entwicklung eines Layouts und spezieller Formatvorlagen ein Prozeß ist, der sich über einen längeren Zeitraum hinzieht. Es muß daher darüber nachgedacht werden, wie diese Form der ständigen Aktualisierung rationell gestaltet werden kann.

Existiert erst einmal eine persönliche Dokumentvorlage so kann bei der Veränderung und der Anlage neuer Formatvorlagen im gerade in Bearbeitung befindlichen Manuskript auch die Veränderung der Vorlage veranlaßt werden. Innerhalb der Menüoption »Format/Formatvorlage/Bearbeiten« kann im sich öffnenden Fenster ein sog. Check-Feld »Zur Dokumentvorlage hinzufügen« aktiviert werden. Damit werden die sonst nur für das jeweilige Manuskript wirksamen Änderungen und Ergänzungen auch für zukünftige Anwendungen zur Verfügung gestellt.

Umgekehrt können durch Nicht-Aktivierung dieses Kästchens Änderungen an den Einstellungen vorgenommen werden, die nur für das aktuelle Manuskript von Relevanz sind. Der sorgfältige Umgang mit dieser Funktion kann so einerseits viel strukturelle Arbeit für die Zukunft retten, wie er andererseits die notwendige Freiheit im Einzelfall offen hält. Während der Arbeit an den Texten kann so gleichzeitig das Archiv der eigenen Struktur- und Layout-Elemente gezielt weiterentwickelt werden.

Neben dieser indirekten Form der Veränderung der Dokumentvorlagen können diese aber auch direkt verändert werden. Darüber hinaus besteht dann auch die Möglichkeit, bestimmte textliche Elemente in die Vorlage aufzunehmen.

Um eine Dokumentvorlage zu verändern, muß bei der Option »Datei/Öffnen« zunächst der Dokumenttyp »Dokumentvorlage« gewählt werden; anschließend kann eine Dokumentvorlage wie jede normale Datei bearbeitet werden, einschließlich der Veränderungen an den Formatvorlagen, am Layout der Seiten, etc. Die auf diese Art und Weise vorgenommenen Änderungen wirken sich allerdings nur indirekt auf zukünftige Manuskripte aus.

In einem wissenschaftlichen Manuskript gibt es aber eine Reihe von textlichen Elementen, die immer wieder vorkommen: Dies reicht von der Gestaltung der Kopf- und Fußzeilen bis hin zur Grobstruktur des Dokumentes, die immer eine Titelseite, ein Inhaltsverzeichnis, eine Einleitung, usw. vorsieht (vgl. hierzu die Ausführungen zum Manuskriptlayout auf S. 67ff).

Dabei kann bspw. die Seitenzählung in der allgemein beschriebenen Form unverändert auch in die Dokumentvorlage übernommen werden, da hier von der Funktion von Feldern Gebrauch gemacht wird. Werden dagegen Autorname und Titel des Manuskriptes direkt eingegeben, so erscheint in allen zukünftigen Texten bspw. der einmal gewählte Titel. Für den Fall des Autornamens kann dies noch sinnvoll sein, da dieser ja in aller Regel gleich bleiben wird. Auch beim Titel kann dieser quasi als Merkpunkt in das Manuskript aufgenommen werden; es bedarf dann nur noch einer einmaligen Änderung an der betreffenden Textstelle, um die aktuellen Werte in das Manuskript aufzunehmen.

Es kann hier aber auch von den Möglichkeiten der »Dateieigenschaften« Gebrauch gemacht werden (vgl. hierzu allgemein die Ausführungen im Zusammenhang der Sammlung und Verwaltung von Zitaten und Materialien auf S. 17ff und dort auch Abbildung 1). Insbesondere kann ein Manuskript neben den Stichwörtern auch durch die Felder »Autor« und »Titel« beschrieben werden. Diese Felder können als Referenz in das Manuskript selbst aufgenommen werden. Hierzu wird die Menüoption »Einfügen/ Feld« aufgerufen.

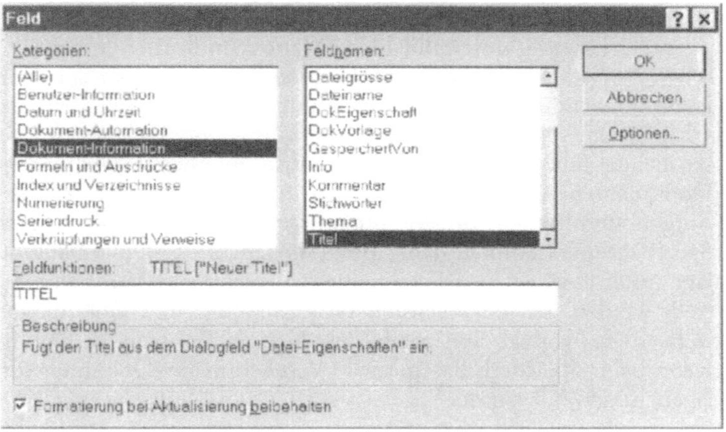

Abbildung 20: Felder einfügen

An die gewünschten Stellen im Manuskript, bspw. in den Kopfzeilen, aber auch auf der Titelseite können nun die systematisch immer wiederkehrenden Informationen mittels der Felder eingegeben werden. Diese Felder können wie normaler Text auch formatiert werden. So kann bspw. die Titelseite in bezug auf Schriftgrößen und horizontale wie vertikale Ausrichtungen allgemein festgelegt werden. Gleiches gilt z.B. für die Gestaltung der Kopfzeilen.

Bei der Neuanlage einer Datei müssen dann lediglich die Feldwerte innerhalb der Option »Dateieigenschaften« verändert werden und einmalig die Aktualisierung der Feldwerte im Manuskript (bspw. durch Umschalten in die »Seitenansicht«) veranlaßt werden.

Es können aber auch darüber hinaus weitergehende strukturelle Informationen und Texte in der Vorlage gespeichert werden: So wird auf die Titelseite in aller Regel auf der nächsten ungeraden Seite das Inhaltsverzeichnis folgen, gefolgt von der Einleitung ebenfalls auf der nächstfolgenden ungeraden Seite. Die entsprechenden Überschriften und Abschnittswechsel können also bereits in der Dokumentvorlage gespeichert werden. Sollten im Einzelfall Abweichungen von der Vorgabe notwendig sein, so können im Manuskript ohne Schaden (resp. Auswirkungen auf die Dokumentvorlage) problemlos Änderungen vorgenommen werden. Die Vorgaben haben in diesem Fall zumindest die Funktion von Merkposten.

Werden häufig unterschiedliche Manuskriptformen mit spezifischen Anforderungen an das Layout benutzt, so können auch für jeden Anwendungsfall eigene Dokumentvorlagen nach dem beschriebenen Verfahren erstellt werden. Sind die Vorlagen in wesentlichen Teilen identisch, so kann auch eine bereits vorhandene Dokumentvorlage als solche geöffnet und die notwendigen Änderungen unmittelbar vorgenommen werden. Die entsprechenden Spezifikationen können dann durch Speichern der Dokumentvorlage unter einem neuen Dateinamen allgemein zur Verfügung gestellt werden. Bei der nächsten Neuerstellung eines Dokumentes steht diese Vorlage innerhalb der Auswahlliste zur Verfügung, wenn beim Speichern das spezielle Verzeichnis für Dokumentvorlagen ausgewählt wurde.

4 Hilfen bei der Erstellung von Manuskripten

Neben dem eigentlichen Text eines Manuskriptes, dessen Erstellung und drucktechnische Aufbereitung nach wie vor die zentrale Aufgabe der AutorInnen ist, gibt es eine Reihe von Hilfen für die LeserInnen, die eine Lektüre des Textes erleichtern können. Diese Hilfsmittel erlauben das Abweichen von der rein sequentiellen Lektüre des Textes, d.h. dem Lesen von der ersten bis zur letzten Seite in einem ununterbrochenen Zuge.

An erster Stelle sind hier die Inhaltsverzeichnisse zu nennen, die den gezielten Zugriff auf bestimmte Kapitel, Abschnitte oder dergleichen ermöglichen. Darüber hinaus können aber auch Register (Personen- oder Sachregister) und Verzeichnisse von Abbildungen, Tabellen, etc. den gezielten Zugriff auf ganz bestimmte Informationen erleichtern.

Eine besondere Hilfe können darüber hinaus Verweise innerhalb des Textes auf andere Stellen im Manuskript darstellen, die sog. Querverweise; sie ermöglichen das Auffinden von Informationen, die für den aktuellen Argumentationszusammenhang in unterschiedlicher Weise von Relevanz sein können.

Alle diese Hilfsmittel für die Lektüre gehören zum festen Bestandteil eines guten Buches, in nicht publizierten Manuskripten stellten sie bisher allerdings – sieht man einmal von den Inhaltsverzeichnissen ab – die Ausnahme dar. Der Grund hierfür liegt auf der Hand: Die Erstellung derartiger spezialisierter Verzeichnisse und Verweise erforderte eine zeitaufwendige Arbeitsleistung, die zudem noch gerade dann erbracht werden mußte, wenn der Zeitdruck für die VerfasserInnen besonders hoch ist, nämlich nach Fertigstellung des Manuskriptes und damit direkt vor der Ablieferung desselben.

Es darf zwar nicht verkannt werden, daß insbesondere für Sachregister nach wie vor ein hoher intellektueller Arbeitsaufwand notwendig ist, die Erstellung derartiger Hilfen für den Leser/ die Leserin ist aber durch entsprechende zusätzliche Funktionen der Textverarbeitungsprogramme erheblich erleichtert worden. Besonders stark ins Gewicht fällt dabei, daß die eigentliche intellektuelle Arbeit auf einen Zeitpunkt verlagert wird, zu dem der Autor/ die

Autorin auch inhaltlich mit diesen Themen beschäftigt ist. Die mechanische Arbeit der Fertigstellung der Verzeichnisse kann demgegenüber dem Computer übertragen werden.

Voraussetzung ist allerdings auch hier wieder, daß konsequent von den entsprechenden Programmoptionen Gebrauch gemacht wird. Bei konsequenter Nutzung ergeben sich allerdings sowohl für den Autor/ die Autorin als auch für den Leser/ die Leserin erhebliche Vorteile durch eine Rationalisierung der Arbeitsschritte einerseits und verbesserte Lesbarkeit des Manuskriptes andererseits.

4.1 Inhaltsverzeichnisse

Für die Erstellung eines Inhaltsverzeichnisses steht eine eigene Option unter der Rubrik «Einfügen« zur Verfügung (»Index und Verzeichnisse ...«). Hier kann auch festgelegt werden, bis zu welcher Ebene die Überschriften in das Inhaltsverzeichnis aufgenommen werden sollen. Insbesondere bei stark gegliederten Arbeiten kann es sinnvoll sein, nicht alle Unterebenen im Inhaltsverzeichnis aufzuführen, da dieses dann zu unübersichtlich würde. Inhaltsverzeichnisse, die regelmäßig mehrere Einträge pro Seite oder pro Seite einen Eintrag verzeichnen, dienen kaum mehr der Orientierung der LeserInnen, sie verwirren mehr.

Erscheint es dennoch sinnvoll, daß beispielsweise über spezielle Fachtermini, wie sie in den ausgeblendeten Überschriften enthalten sind, auf die entsprechenden Abschnitte zugegriffen werden kann, so sollte über die Erstellung eines Sachregisters nachgedacht werden (vgl. S. 118ff).

Für die Erstellung eines standardmäßigen Inhaltsverzeichnisses ist es ausreichend, die Anzahl der anzuzeigenden Überschriftenebenen anzugeben. Vorgewählt sind die Auswahlfelder »Seitenzahlen anzeigen«, »Seitenzahlen rechtsbündig« und »...« als Füllzeichen; von diesen Vorgaben sollte in aller Regel nicht abgewichen werden.

Anders als in älteren Programmversionen, bei denen eine aktuelle Version des Inhaltsverzeichnisses durch expliziten Aufruf der Funktion zur Erstellung des Verzeichnisses erzeugt werden mußte, ist es nunmehr ausreichend, das Inhaltsverzeichnis einmal zu erstellen. Änderungen in den Seitenzahlen werden automatisch vor-

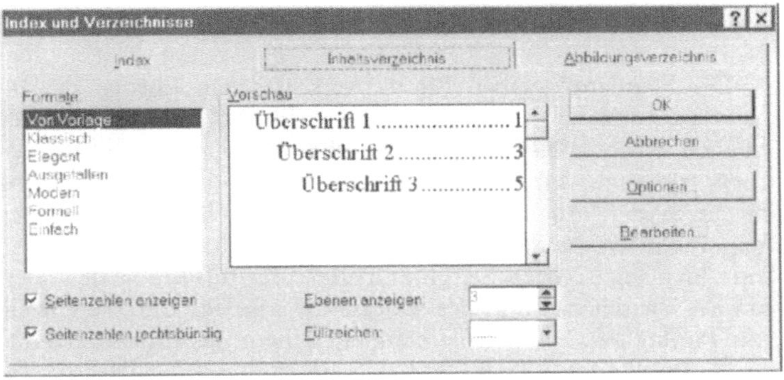

Abbildung 21: Erstellen eines Inhaltsverzeichnisses

genommen. Die Darstellung auf dem Bildschirm kann dabei zeitweise vom tatsächlichen aktuellen Stand abweichen; spätestens beim Ausdruck wird aber die Aktualisierung vorgenommen. Soll das Inhaltsverzeichnis zuvor am Bildschirm überprüft werden, so erzwingt ein Umschalten in die sog. »Seitenansicht« ebenfalls eine Aktualisierung der Seitenzahlen.

Streichungen oder Ergänzungen bei den Überschriften selbst werden dagegen vom Textverarbeitungsprogramm nicht erkannt; hier ist eine Wiederholung des Vorgangs zur Verzeichniserstellung notwendig. Da dieses Verfahren aber wenig aufwendig ist, erscheint der Ratschlag vertretbar, das Inhaltsverzeichnis bereits in einem frühen Stadium der Arbeit am Manuskript an der betreffenden Stelle einzufügen (vgl. S. 71).

Für ›normale‹ Arbeiten ist die Erstellung eines Inhaltsverzeichnisses auf der Grundlage der Überschriften ausreichend. Darüber hinaus kann es jedoch sinnvoll und nützlich sein, weitere Verzeichnisse, bspw. von Tabellen, Abbildungen, Bildern, Graphiken, etc. aufzunehmen. Sie erleichtern – neben den verschiedenen Formen der Register – den gezielten Zugriff auf bestimmte Informationen eines Textes. Für deren automatisierte Erstellung stehen ebenfalls besondere Funktionen zur Verfügung (vgl. S. 118ff).

Bei der automatischen Erstellung eines Inhaltsverzeichnisses werden den einzelnen Einträgen automatisch Formatvorlagen der Gruppe »Verzeichnis#« zugewiesen; dabei wird die Hierarchie der Überschriften beibehalten, d.h. aus einer »Überschrift 1« wird ein

»Verzeichnis 1«, aus einer »Überschrift 2« wird ein »Verzeichnis 2«, usw.

Die Standardvorgaben für die verschiedenen Ebenen des Inhaltsverzeichnisses sehen dabei vor, daß die unterschiedlichen Ebenen sowohl durch die Wiederholung der Aufzählungszeichen, als auch durch zunehmende Einrückungen deutlich gemacht werden. Allen Formaten für die unterschiedlichen Ebenen gemeinsam ist die Schriftgröße sowie die Positionierung der Seitenzahlen am rechten Seitenrand und die Auffüllung des Leerraumes zwischen Ende des Überschriftentextes und Seitenzahl mit Pünktchen. Als Beispiel vergleiche man das Inhaltsverzeichnis dieses Bandes.

An diesen Standardvorgaben gibt es wenig zu bemängeln, allenfalls sollte der Grad der Einrückung modifiziert werden. Für den Fall, daß die Vorgaben der eingesetzten Programmversion von den hier verwandten abweichen, seien die Werte hier wiedergegeben: Pro Ebene erfolgt ein zusätzlicher Einzug um 0,4 cm bei gleichzeitiger Definition eines hängenden Einzuges von 0,4 cm.

Die Auffüllung des Leerraumes zwischen Text und Seitenzahl wird durch Auswahl eines entsprechenden Füllzeichens bei der Definition des Tabulators erzeugt. Ist in einer älteren Programmversion kein (rechtsbündiger) Tabulator definiert, so ist dieser auf den rechten Rand des Satzspiegels zu setzen (Position des Tabulators = Breite des Satzspiegels). Durch Änderung der Eigenschaften des Tabulators kann auch die Art der Füllzeichen verändert werden, insbesondere kann auch vollständig auf Füllzeichen verzichtet werden.

4.2 Querverweise

Ein für LeserInnen einer größeren Arbeit besonders nützliches Hilfsmittel stellen die Verweise auf andere Stellen im Text dar. Mögliche Zielpunkte eines solchen Verweises können bspw. sein:

- Eine Textstelle, an der ein bestimmtes Thema, eine bestimmte Fragestellung eingehender behandelt wird,
- Eine Textstelle, an der eine Definition gegeben wird,
- Eine Tabelle oder Abbildung, die Informationen wiedergibt, auf die im aktuellen Text Bezug genommen wird,

- Eine Anlage, in der eine Quelle wiedergegeben wird,
- etc.

In einer einfachen Form, die in gewissen Fällen nach wie vor ihre Berechtigung hat, werden diese Verweise auf ganze Abschnitte eines Textes gegeben. Als Zielangabe wird dann die Abschnittsüberschrift, der Tabellenname oder dergleichen gegeben.
Beispiel:

- Vgl. hierzu Kapitel 3
- Siehe Abbildung »Werkverzeichnis«
- Vgl. Anlage IV.

Ist die Positionierung der referierten Stelle im Text leicht feststellbar, bspw. bei Kapiteln, Überschriften, etc. mit Hilfe des Inhaltsverzeichnisses oder bei Anhängen in der Regel am Ende eines Buches, kann diese Form des Verweises nach wie vor ausreichend sein.

Für den Leser/ die Leserin hilfreicher ist es aber, wenn zusätzlich die exakte Seitenzahl der Referenzstelle angeführt wird. Soll nicht nur auf die Ausführungen in einem größeren Textabschnitt allgemein, sondern auf eine ganz bestimmte, eng eingegrenzte Stelle im Text verwiesen werden, so erscheint die Angabe der exakten Position dringend geboten.

Die Angabe von Seitenzahlen ist aber erst dann möglich, wenn nach Fertigstellung eines Manuskriptes der endgültige Seitenumbruch erfolgt ist. Bei der Erstellung von Büchern ist es daher auch heute noch die Aufgabe des Autors, bei der sog. Umbruchkorrektur – die ja den endgültigen Seitenumbruch wiedergibt – die Seitenzahlen für die Querverweise einzutragen. Da es sich bei diesen Verweisen um logische Verknüpfungen handelt, die sich nur in seltenen Fällen – wie beispielsweise Tabellen, Anlagen, o.ä. an formalen Kriterien festmachen lassen – können diese in der Regel nicht von der Lektorin/ dem Lektor oder vom Setzer vorgenommen werden.

Von seiten der Satzanstalt werden als Aufmerksamkeitssignal zwar sog. »Blockaden« (i.e. gefüllte Quadrate) an den betreffenden Stellen eingefügt, das Aufsuchen und Notieren der betreffenden Seitenzahlen bleibt aber ein mühsames Geschäft.

In der Vergangenheit hat dies häufig dazu geführt, daß von diesem Verweisinstrument entweder selten Gebrauch gemacht wurde oder auf die unpräzisere, zuerst beschriebene Form ausgewichen wurde. Dies gilt insbesondere auch für Arbeiten, die nicht in einem Verlag erschienen sind.

Die Textverarbeitungsprogramme stellen hier aber ein sehr effektives Instrument zur Verfügung, das die Erstellung der Querverweise sehr leicht macht. Dabei muß der Prozeß der Verweiserstellung in zwei Schritte aufgeteilt werden. An erster Stelle steht die Definition einer Stelle, eines Textabschnittes, auf den Bezug genommen werden soll, an zweiter Stelle steht der Prozeß der Referenz auf diese Stelle.

Für die Definition einer Stelle im Text, auf die verwiesen werden kann, stehen die sog. »Textmarken« zur Verfügung. Es handelt sich dabei um verborgene Markierungen, d.h. um Kennzeichnungen bestimmter Textstellen, die bei einer Normaldarstellung des Textes nicht sichtbar sind und auch beim Ausdruck des Textes nicht sichtbar werden. Sie können lediglich im Rahmen bestimmter Darstellungsoptionen (innerhalb der Menüoption »Extras/Optionen«) angezeigt werden oder von anderen Programmoptionen genutzt werden.

Für die Erstellung einer »Textmarke« steht eine eigene Menüoption (»Bearbeiten/Textmarke«) zur Verfügung. Hierzu wird die betreffende Textstelle markiert und anschließend die Menüoption aufgerufen. Der Textstelle kann dann in einem entsprechenden Eingabefenster ein Name gegeben werden. Dieser Name sollte so gewählt werden, daß er auch zu einem späteren Zeitpunkt noch klar erkennen läßt, welche inhaltliche Information sich hinter diesem Namen verbirgt.

Aus technischen Gründen kann dies zwar immer nur ein einzelnes Wort sein, doch kann zur Differenzierung auch zum Hilfsmittel gegriffen werden, mehrere Wörter durch ein Satzzeichen zu einem ›Computerwort‹ zu verbinden. Häufig wird hierzu der Schrägstrich (»/«) oder der Unterstrich (»_«) verwandt. Beispiel: »Querverweis/Textmarke« oder »Querverweis_Textmarke«.

Soll an einer anderen Stelle im Text auf diese Textstelle verwiesen werden, so muß die ›Referenzfunktion‹ der Textverarbeitung (»Einfügen/Querverweis«) aufgerufen werden. In einem Auswahlfenster wird hier die Liste der in einem Text definierten Textmarken angezeigt.

In einem gesonderten Fenster kann hier zusätzlich der sog. »Verweistyp« gewählt werden. Im hier diskutierten Fall wird dies zunächst der Typ »Textmarke« sein. In einem weiteren Auswahlfenster »Verweisen auf« kann die Form, in der auf die Textmarke

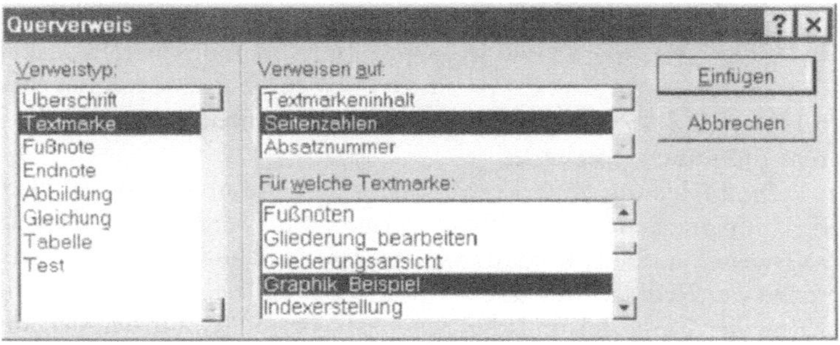

Abbildung 22: Querverweise

verwiesen werden soll, bestimmt werden; die häufigste Form wird hier die »Seitenzahl« sein.

Ist die gewünschte Textmarke ausgewählt, so fügt der Computer ein Feld an der referierenden Stelle ein, das ständig aktualisiert wird. In der Normalansicht der Textverarbeitung erscheint an dieser Stelle die Seitenzahl, auf der sich die referierte Textstelle zum aktuellen Zeitpunkt befindet.

Hinweise des Typs »(vgl. hierzu Seite 17)« erfordern also, daß zunächst der Text »(vgl. hierzu Seite« eingegeben wird, anschließend der Querverweis in der beschriebenen Form erstellt wird und abschließend die schließende Klammer als normales Zeichen mittels der Tastatur geschrieben wird.

Verschiebt sich die referierte Stelle, bspw. mit wachsendem Umfang des Manuskriptes oder im Zuge von Textumstellungen, so wird automatisch die neue Seitenzahl angezeigt. Dabei erfolgt die Aktualisierung aus technischen Gründen immer erst dann, wenn ein neuer Seitenumbruch berechnet werden muß. Dies ist spätestens immer dann der Fall, wenn ein Ausdruck des Manuskriptes vorgenommen wird. Soll die Aktualisierung erzwungen werden, so kann hierzu bspw. in die sog. »Seitenansicht« umgeschaltet werden.

Die Aufgabe der Aktualisierung von Querverweisen kann also konsequent an den Computer delegiert werden, insbesondere kann die Erstellung der Verweise auf den Zeitpunkt der Arbeit am Manuskript verschoben werden, zu dem der Autor/ die Autorin den inhaltlichen Bezug während der Argumentation im Text herstellt.

In Abbildung 22 ist aber auch schon erkennbar, daß es eine Reihe weiterer, sog. »Verweistypen« gibt. Neben den bereits diskutierten Textmarken sind vor allem noch die Fußnoten sowie Abbildung und Tabellen in unserem Zusammenhang von besonderem Interesse.

Zur Erstellung eines Verweises auf eine Fußnote muß lediglich der entsprechende Verweistyp ausgewählt werden; im Fenster »Verweisen auf« kann bei den Fußnoten dann sinnvollerweise zwischen der Referenz auf das Fußnotenzeichen (i.e. in der Regel die Ziffer der Fußnote) und der Seitenzahl der Seite, auf der sich die Fußnote befindet, gewählt werden.

Abhängig von der Anzahl der Fußnoten und vom Umfang der Arbeit insgesamt kann es sinnvoll sein, von beiden Referenztypen gleichzeitig Gebrauch zu machen; ein solcher Verweis würde dann etwa lauten: »(vgl. hierzu Fußnote 17 auf Seite 13)«. Zur Erstellung eines derartigen ›doppelten‹ Verweises muß lediglich die Verweisfunktion ein zweites Mal aufgerufen werden und der betreffende andere Referenztyp ausgewählt werden.

Was bei den Fußnoten noch selbstverständlich erscheint, daß nämlich von der automatischen Erstellung und Verwaltung derselben innerhalb des Textverarbeitungsprogramms Gebrauch gemacht werden sollte, ist hingegen für Tabellen und Abbildungen noch keineswegs gebräuchlich. Von der hier in Rede stehenden Verweisfunktion kann allerdings nur dann Gebrauch gemacht werden, wenn zuvor die Beschriftungsfunktion benutzt wurde (vgl. hierzu für Tabellen S. 89f). Eine ›manuelle‹ Beschriftung ohne die Nutzung der entsprechenden Funktion schließt eine Referenzierung aus.

Auch für Abbildungen und Tabellen stehen verschiedene Typen der Referenz zur Verfügung: Neben der Seitenzahl sind dies vor allem der Typ und die Zählung (bspw. »Abbildung 7«) sowie eventuell zusätzlich angebrachter Beschriftungstext. Eine ›doppelte‹ Refenzierung des Typs »(vgl. Abbildung 7 auf Seite 45)« ist dabei ebenfalls möglich; die Ausführungen zu Referenzen bei Fußnoten gelten hier in Analogie.

Bei Verweisen auf Tabellen ist das gleiche Verfahren einzuhalten. Die Auswahl der Elemente, auf die verwiesen werden kann, ist identisch mit derjenigen bei Abbildungen.

Wurden weitere Kategorien der Beschriftung erstellt, so tauchen diese Kategorien in der Auswahlliste der Verweistypen ebenfalls auf; es kann somit auf sie verwiesen werden. Die zur Auswahl angebotenen Referenzarten sind die gleichen, wie bei Abbildungen und Tabellen.

4.3 Erstellung von Registern und Verzeichnissen

Im Gegensatz zu Verzeichnissen, die wie bspw. bei Inhaltsverzeichnissen jedes einzelne Vorkommnis einer Überschrift als eigenen Eintrag verzeichnen, tragen Register die verschiedenen Vorkommnisse eines Begriffes zusammen und ordnen diesem Begriff – der nur ein einziges Mal aufgeführt wird – die Seitenzahlen des Auftretens zu.

Hieraus folgt, daß die sog. Indexeinträge an den jeweiligen Stellen des Manuskriptes in identischer Form vorgenommen werden müssen; jede kleinste Abweichung bei der Eingabe der Indexeinträge – bspw. durch Tippfehler oder Abweichungen in der Schreibung – führen konsequenterweise dazu, daß beide Formen in das Register aufgenommen werden. Werden derartige (unerwünschte) Doppelungen im fertigen Register festgestellt, so muß eine Normalisierung der Einträge vorgenommen und die Erstellung des Registers wiederholt werden.

Technisch gesehen basiert die Erstellung von Registern auf der Kombination von zwei Möglichkeiten, in das Manuskript zusätzliche Informationen einzugeben. An erster Stelle sind es die sog. Felder und an zweiter Stelle die Möglichkeit, Informationen als sog. »verborgenen Text« einzugeben. Wie der Name schon andeutet, sind diese Einträge in den normalen Ansichten des Textes nicht sichtbar. Für bestimmte Arbeitsschritte können die Feldinhalte aber angezeigt und auch bearbeitet werden; hierzu aber später.

Für die Normalanwendung steht eine Programmoption zur Verfügung, die eine einfache Eingabe der für einen Index vorgesehenen Begriffe ebenso erlaubt wie die Erstellung des eigentlichen Registers. Die Menüoption »Einfügen/Index und Verzeichnisse ...« dient dabei sowohl der Erstellung des eigentlichen Registers wie auch der Festlegung der Einträge, die in das Register aufgenommen werden sollen.

Der systematisch erste Schritt ist dabei die Festlegung der einzelnen Einträge; hierzu wird der in Abbildung 23 sichtbare Button »Eintrag festlegen ...« aktiviert.

Die wesentlichen Felder des sich nunmehr öffnenden Fenster sind diejenigen für den »Haupteintrag« und den »Untereintrag«:

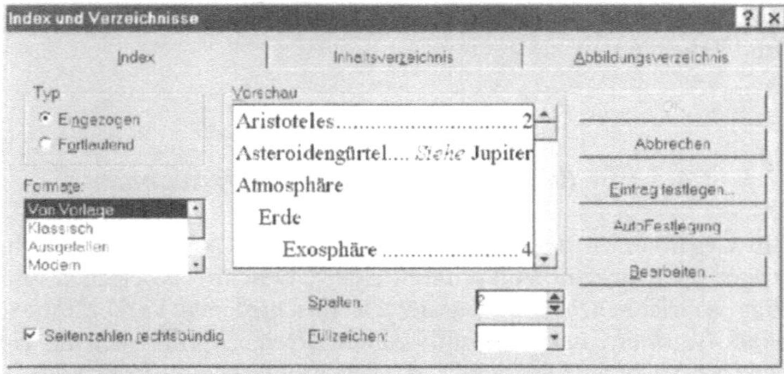

Abbildung 23: Indexerstellung

Im einfachsten Fall braucht nur ein Begriff für den Haupteintrag eingegeben werden. Dieser Begriff wird dann bei der eigentlichen Erstellung des Registers in der eingegebenen Form erscheinen, zusätzlich versehen mit der Seitenzahl der Seite, auf der das Indexwort eingegeben wurde. Bei mehrfacher Eingabe des gleichen Indexeintrages auf unterschiedlichen Seiten des Manuskriptes werden die jeweiligen Seitenzahlen, standardmäßig abgetrennt durch Kommata, im Index aufgeführt.

Diese Aussage gilt für den Regelfall der Festlegung, wie er durch die Standardvorgaben bei der Erstellung von Indexeinträgen vorgesehen ist. In Abbildung 24 sieht man, daß unter der Rubrik »Optionen« die Auswahl »Aktuelle Seite« aktiviert ist.

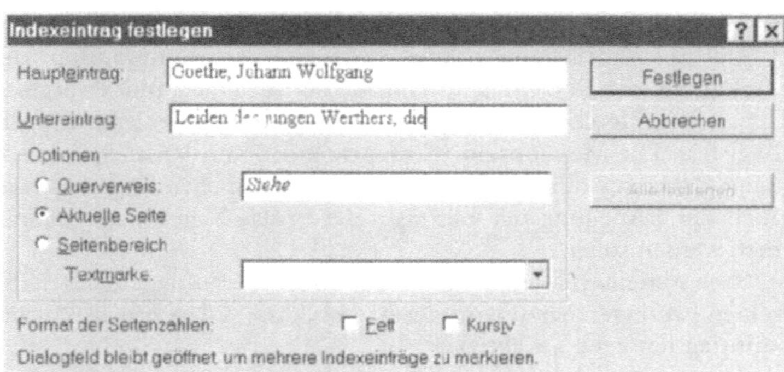

Abbildung 24: Indexeintrag festlegen

Die eigentliche Erstellung des Register ist verhältnismäßig einfach: In der Regel auf einer eigenen Seite am Ende des Manuskriptes wird die Option »Index und Verzeichnisse ...« aufgerufen (vgl. Abbildung 23). Die Standardeinstellungen sehen die Formatierung auf der Grundlage der Standardformatvorlage »Index#« vor.

Die Absatzformatierung sieht einen hängenden Einzug von 0,4 cm und pro Ebene einen zusätzlichen Einzug von 0,4 cm vor. Da im Rahmen einer ›normalen‹ wissenschaftlichen Arbeit die Gliederungstiefe kaum zwei oder maximal drei Ebenen übersteigen dürfte – dies gilt in aller Regel auch für Dissertationen – erscheint dieser Einrückungsbetrag angemessen.

Zu erwägen ist allerdings, ob hierarchisch untergeordnete Ebenen nicht zusätzlich durch Veränderungen im Zeichenformat, bspw. durch Kursivierung, hervorgehoben werden sollten; die Standardvorgaben des Programms sehen dies nicht vor.

Eine Entscheidung hierüber kann sicherlich nicht generell getroffen werden, sie ist vor allem auch von der Art des Registers abhängig. Während es bspw. bei einem Autorenregister, das den (literarischen) Autoren die Titel der erwähnten Werke zuordnet, sinnvoll erscheint, die Werktitel durch Kursivierung hervorzuheben, ist dies bei einem Sachregister in aller Regel nicht angebracht; hier wird üblicherweise ausschließlich mit dem Mittel der Einrückung gearbeitet.

Bei der Erstellung eines Indexes mit der Standardfunktion des Textverarbeitungsprogramms wird zusätzlich ein eigener Abschnitt erzeugt, der den Index zweispaltig anordnet (zu den sog. Bereichsmarken und ihren Eigenschaften vgl. die Ausführungen zum Layout eines Manuskriptes auf S. 67ff). Bei einer geringen Tiefe der Indexeinträge und einer nicht zu großen Zahl von Seitenreferenzangaben erscheint diese Vorgabe sinnvoll.

Zusätzlich ist in den Formatvorlagen noch ein (rechtsbündiger) Tabulator auf den rechten Seitenrand gesetzt. Durch entsprechende Veränderungen bei der Anweisung zur Erstellung des Registers kann zwischen dem Indexeintrag und der Seitenreferenz ein Tabulatorsprung eingefügt werden. Damit werden die Seitenzahlen pro Spalte rechtsbündig angeordnet. Abhängig von der Menge der Einträge kann dies zu einem ruhigeren Gesamteindruck des Layouts des Registers führen. Allgemeine Regeln können hier nicht aufgestellt werden; hier müssen Entscheidungen im Einzelfall, eventuell auch nach entsprechenden Proben, getroffen werden. Da der Arbeitsaufwand für die Erstellung des eigentlichen Registers gering ist, läßt sich der hierfür notwendige zusätzliche Zeitaufwand vertreten.

Die Aktivierung des »OK-Buttons« startet dann den eigentlichen Prozeß der Erstellung des Registers. Die Zeit, die für dessen Erstellung notwendig ist, hängt stark vom Umfang des Textes, von der Anzahl der Registereinträge, sowie von der Arbeitsgeschwindigkeit des Rechners ab.

Bevor nun anhand typischer Anwendungsbeispiele näher auf den Einsatz dieses Mittels zur benutzerfreundlichen Erschließung von Texten eingegangen werden soll, noch zwei Hinweise auf Besonderheiten bei der Erstellung von Indexeinträgen:

Bei den entsprechenden Optionen steht die Auswahl »Querverweis« zur Verfügung. Als ein Textelement wird hier standardmäßig »Siehe« vorgeschlagen. Mit dieser Auswahl können Einträge für den Index festgelegt werden, die keine eigene Auflistung von Einträgen erhalten, die lediglich auf eine andere Stelle im Index verweisen, an denen z.B. das Synonym verzeichnet ist. Zu weiteren Einsatzmöglichkeiten vgl. die folgenden Ausführungen zu Autoren- bzw. Sachregistern.

Als weitere Option steht u.a. aber auch der Bezug auf mehrere Seiten (»Seitenbereich«) zur Verfügung. Das unmittelbar daneben befindliche Fenster »Textmarke« gibt aber schon den entscheidenden Hinweis auf die in diesem Fall zuvor zu erfüllenden Voraussetzungen: Es muß eine Textmarke erstellt worden sein, auf die dann verwiesen werden kann. Sinnvoll ist diese Form des Indexeintrages allerdings nur dann, wenn sich bspw. der erklärende Text zum Begriff, auf den Verwiesen werden soll, über mehrere Seiten erstreckt. Diese Form des Indexeintrages stellt allerdings eher die Ausnahme dar.

4.3.1 Autorenregister

Ein bei philologischen Arbeiten häufiger Anwendungsfall ist die Erstellung eines Verzeichnisses der im Text erwähnten AutorInnen. Nach dem zuvor geschilderten Verfahren muß hierzu auf jeder Seite, auf der ein Autor/ eine Autorin erwähnt wird, ein entsprechender Indexeintrag vorgenommen werden.

Unterschieden werden können hierbei Autorenregister, die ausschließlich die Namen von (erwähnten) literarischen Autorinnen und Autoren verzeichnen, Register, die ausschließlich die Namen von erwähnten SekundärliteraturautorInnen verzeichnen und Register, die gleichzeitig beide Arten von AutorInnen undifferenziert aufführen. Die Entscheidung darüber, welche Form des Registers erstellt werden soll, ist stark von der Art der Arbeit abhängig. Eine generelle Empfehlung, welche Form zu bevorzugen sei, kann hier naturgemäß nicht gegeben werden.

Sollen dagegen zwei getrennte Register erstellt werden, so müssen bereits bei der Festlegung der Indexeinträge besondere Kategorienbildungen vorgenommen werden (vgl. hierzu die gesonderten Ausführungen zur parallelen Erstellung mehrerer Register auf S. 122ff).

Bei der Festlegung der Registereinträge ist sorgfältig darauf zu achten, daß der Eintrag in identischer Form vorgenommen wird. So sollte bspw. bereits beim ersten Vorkommnis festgelegt werden, in welcher Form der Name eines Autors/ einer Autorin aufgenommen werden soll.

Für den Autor »Goethe« bspw. stehen hier zumindest die Möglichkeiten

- Goethe, Johann Wolfgang
- Goethe, J. W.
- Goethe, J. W. von

zur Verfügung. Auch Kombinationen der angeführten Varianten sind denkbar.

Vor allem bei Autoren aus dem nichtdeutschen Sprachraum tritt häufig ein weiteres Problem hinzu: Die Schreibung des Namens im Deutschen ist häufig nicht normiert. So findet sich bspw. Anton Tschechow (korrekterweise) an einer anderen Stelle im Alphabet als in der Schreibweise Čechov, Anton; dennoch werden viele LeserInnen den Autor im Alphabet des Registers unter dem Buchstaben »T« suchen.

In diesem Fall (und in ähnlich gelagerten Fällen) ist ein Verweis auf die für die Erstellung des Registers verwandte Schreibweise hilfreich. Es kommt hier die zuvor erwähnte Option »Verweis« bei der Erstellung eines Indexeintrages zum Tragen. Hierzu wird einmalig für das gesamte Manuskript der Verweiseintrag »Tschechow siehe Čechov« erstellt. Für die eigentlichen Indexeinträge wird dann ausschließlich die Schreibweise »Čechov, Anton« benutzt.

In analoger Weise kann das Problem von Pseudonymen behandelt werden. Dabei soll hier zwar kein grundsätzlicher Vorschlag gegeben werden, welche Form des Namens für den Haupteintrag gewählt werden soll, häufig findet sich jedoch der Hinweis »Hardenberg, Georg Friedrich Philipp Freiherr von *siehe* Novalis«. Die Festlegungen im Feld »Haupteintrag« bzw. »Verweis« werden in Analogie zum zuvor Gesagten vorgenommen.

Im Register selbst wird dann an den entsprechenden Stellen unter den Buchstaben »T« bzw. »H« der Verweiseintrag erscheinen, die Belegstellen aber ausschließlich an den alphabetisch korrekten Stellen im Bereich »C« bzw. »N«.

Ein besonderer Fall liegt dann vor, wenn neben den Namen der Autoren zusätzlich die Titel erwähnter Werke im Register erscheinen sollen. In aller Regel trägt es für den Leser/ die Leserin einer Arbeit nicht zur Übersichtlichkeit bei, wenn die Werktitel im Register verstreut erscheinen, angeordnet nach dem ersten Buchstaben des Titels. Hier ist es wünschenswert, daß die Werktitel insgesamt unmittelbar unter dem Namen ihres Autors/ ihrer Autorin erscheinen.

Hierzu wird bei jeder Erwähnung eines Werktitels dieser im Feld »Untereintrag« eingegeben; gleichzeitig wird im Feld »Haupteintrag« der Name des Autors/ der Autorin verzeichnet (vgl. Abbildung 24). Im eigentlichen Register werden dann die Werktitel unmittelbar unter dem Namen ihres Autors (in alphabetischer Reihenfolge) erscheinen. Zu Möglichkeiten der drucktechnischen Hervorhebung sowie weiteren Gestaltungsmöglicheiten von Registern vgl. S. 115.

Auch in einem solchen Autorenregister, das Werktitel unmittelbar ihren Autoren zuordnet, ist es selbstverständlich möglich, daß Stellen im Text, die sich auf einen Autor insgesamt – also ohne Bezug zu einem bestimmten Werk – beziehen, in den Index aufgenommen werden und die Seitenreferenzen unmittelbar hinter dem Autornamen erscheinen; in diesen Fällen muß lediglich ausschließlich der Haupteintrag vorgenommen werden. Beide Formen des Registereintrags können gleichzeitig in einem Index vertreten sein.

4.3.2 Sachregister

Eine zweite Form des Registers stellt das bereits erwähnte Sach- oder Schlagwortregister dar. Die Ausführungen zu Registern im allgemeinen und zu Haupt- und Untereintrag, wie sie bei Autorenregistern mit Bezug auf Autornamen und Werktitel gemacht wurden, gelten hier in Analogie.

An die Stelle der Autorennamen treten hier allerdings Begriffe einer hohen Abstraktionsebene, denen als Untermenge bspw. konkrete Fallbeispiele zugeordnet sein können. In bestimmten Fällen können die Begriffe der zweiten Ebene aber ebenfalls Abstrakta sein, denen wiederum weitere Begriffe untergeordnet sind.

Gerade im Fall von Abstrakta wird aber deutlich, daß es sich bei dieser Form des Registers um eine besondere intellektuelle Durchdringung des Themas handelt, die in dieser besonderen Form der Erschließung eines Textes ihren Ausdruck findet. Insofern sind die eingangs gegebenen Hinweise zur Verschlagwortung von Büchern und Materialien hier ebenfalls zu berücksichtigen.

Der besondere Aufwand, der einer Erstellung eines Sachregisters gerade im geisteswissenschaftlichen Bereich vorausgehen muß, hat in den letzten Jahren leider dazu geführt, daß immer weniger Bücher ein solches Register aufweisen. Dennoch sei an dieser Stelle auf die speziellen Möglichkeiten der Erstellung eines mehrfach gestuften Registers eingegangen, da die geschilderten Verfahren ja unabhängig von den Inhalten funktionieren, somit auch in allen anderen denkbaren Anwendungsfällen Verwendung finden können.

Ein Beispiel, wie es sich z.B. häufig noch in Nachschlagewerken oder in theoretisch oder systematisch orientierten Arbeiten findet, möge dies verdeutlichen:

Drama
– Charakter-
– Historien-
– Ideen-
– naturalistisches -
...

Die Programmoption unterstützt direkt nur die im Beispiel angedeuteten zwei Ebenen. Sollen nun weitere Differenzierungen vorgenommen werden, um bspw. den Untergruppen bestimmte Autoren zuzuordnen so muß zuvor genauer auf das eigentliche Funktionieren dieser Programmoption eingegangen werden.

Eingangs dieses Abschnittes wurde bereits kurz darauf hingewiesen, daß die Indexerstellung auf der Möglichkeit beruht, Felder als »verborgenen Text« in das Manuskript einzufügen. Mit der Option »Extras/Optionen« und dort der Registerkarte »Ansicht«

kann im Bereich »Nichtdruckbare Zeichen« die Darstellung von verborgenem Text am Bildschirm erzwungen werden.

Betrachtet man in dieser Bildschirmsicht die Stelle des Manuskriptes, an der zuvor ein Registereintrag vorgenommen wurde, so wird die eigentliche Form des Registereintrags deutlich:

{ XE "Drama:Charakter-" }
{ XE "Drama:Historien-" }
{ XE "Drama:Ideen-" }
{ XE "Drama:naturalistisches-" }, usw.

Innerhalb von geschweiften Klammern wird zunächst der Typ des Feldes durch die Kennzeichnung »XE« als »Index-Eintrag« festgelegt. Der eigentliche Feldwert wird innerhalb von Anführungszeichen angegeben. Die Einträge insgesamt sind als »verborgener Text« gekennzeichnet.

Als Trennzeichen zwischen den Hierarchieebenen ist der Doppelpunkt definiert. Die Eingabe weiterer Hierarchieebenen kann also dadurch erfolgen, daß innerhalb eines Begriffes, bspw. bei der Eingabe des Untereintrages die Eingabe von Kategorie der zweiten und der dritten Ebene gleichzeitig erfolgt, voneinander durch einen Doppelpunkt getrennt.

Sollen bspw. der Gruppe ›Dramen, naturalistisches-‹ Namen von Autoren oder Werktitel untergeordnet werden so kann bei der Eingabe des Untereintrags ›naturalistisches-:Hauptmann‹ usw. erfolgen. Die Indexeinträge haben dann die Form:

{ XE "Drama:naturalistisches-:Hauptmann" }
{ XE "Drama:naturalistisches-:Holz" }
{ XE "Drama:naturalistisches-:Schlaf" }

Die Erstellung des Registers führt dann – im Beispiel fokussiert auf die exemplarischen Einträge – zum folgenden, dreistufigen Ergebnis:

Drama
– Charakter-
– Historien-
– Ideen-
– naturalistisches -
    * Hauptmann
    * Holz
    * Schlaf

Eine zweite Möglichkeit der Eingabe komplexer Indexeinträge, die bei der Erstellung des Registers zum gleichen Ergebnis führen, besteht darin, daß zunächst mit der Programmoption Haupt- und Untereintrag vorgenommen werden. Wird der verborgene Text sichtbar gemacht, so kann er – wie normaler Text des Manuskriptes – bearbeitet werden, d.h. im diskutierten Fall können zusätzliche Spezifikationen eingegeben werden.

Die zuletzt diskutierte Form der Eingabe ist besonders dann von Vorteil, wenn erst im Verlauf der Arbeit an einem Manuskript festgestellt wird, daß zu einer Kategorie weitere Untergruppierungen sinnvoll sind. Die betreffenden Indexeinträge sind dann bereits – undifferenziert – im Manuskript enthalten und bedürfen lediglich einer Spezifizierung.

In einem derartigen Fall müssen die betreffenden Indexeinträge einzeln aufgesucht und verändert (ergänzt) werden. Hier kann von der Option »Gehe zu« innerhalb der Option »Bearbeiten« Gebrauch gemacht werden.

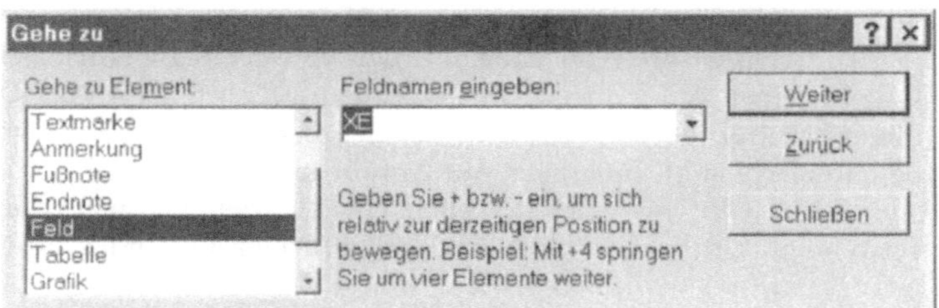

Abbildung 25: »Gehe zu Indexeintrag«

Als Element wird »Feld« ausgewählt und als nähere Spezifikation (Feldname) wird der Typ »Indexeintrag« (»XE«) ausgewählt; durch Eingabe eines Plus- bzw. Minuszeichens hinter dem Feldnamen kann – abhängig von der momentanen Position innerhalb des Manuskriptes das gesamte Manuskript gezielt auf Vorkommnisse von Indexeinträgen durchsucht werden.

Die generelle Forderung, alle speziellen Auszeichnungen des Manuskriptes bereits frühzeitig während des laufenden Erstellungsprozesses vorzunehmen, führt so nicht zu unverhältnismäßig hohem, zusätzlichen Aufwand, wenn sich erst im Verlauf der Arbeit herausstellt, daß weitere Untergruppen gebildet werden müssen.

Alle angestellten Überlegungen gelten selbstverständlich nicht nur für die Beispiele innerhalb eines Sachregister, sie sind in analoger Form bspw. auch auf Autoren- und Werkverzeichnisse anzuwenden.

Nicht mit ›normalen‹ Mitteln zu lösen, ist die Aufgabe zu einem Manuskript gleichzeitig mehrere Register, bspw. ein Autoren- und ein Sachregister zu erstellen. In beiden Fällen muß ja auf die gleiche Programmoption zurückgegriffen werden. Anders aber als bei den »Verzeichnissen« bei denen nach »Kategorien« unterschieden werden kann und auch eigene (zusätzliche) Kategorien erstellt werden können, steht diese Möglichkeit – zumindest als Programmoption – bei Registern nicht zur Verfügung.

Es wurde aber bereits auf das ›eigentliche‹ technische Funktionieren der Indexfunktion näher eingegangen: Diese Funktion basiert auf entsprechenden Feldern. Felder können nun mit zusätzlichen »Schaltern« versehen werden. Diese Schalter werden innerhalb der – zunächst sichtbar gemachten – Indexeinträge hinter dem eigentlichen Feldwert, d.h. hinter den Anführungszeichen und vor der schließenden geschweiften Klammer, angebracht.

Der Schalter »\f« zeigt dabei an, daß von der Standardeinstellung für einen Index abgewichen wird. Zusätzlich muß bei Setzen dieses Schalters der Typ des Registers definiert werden. Die Angabe eines Typs muß innerhalb von Anführungszeichen erfolgen; in aller Regel wird man hier lediglich einen einzelnen Buchstaben verwenden. Ein Beispiel möge dies verdeutlichen: Die Indexeinträge

```
{ XE "Drama:Charakter-" \f "s" }
{ XE "Drama:Historien-« \f "s" }
{ XE "Drama:Ideen-« \f "s" }
{ XE "Drama:naturalistisches-" \f "s" }
```

würden damit einem Index des Typs »s« (hier für »Sachregister«) zugeordnet, während die Einträge

```
{ XE "Goethe:Faust« \f "a" }
{ XE "Goethe:Stella« \f "a" }
{ XE "Goethe:Wahlverwandtschaften" \f "a" }
```

einem Index des Typs »a« (hier für »Autorenregister« zugeordnet würden.

Bei jedem einzelnen Indexeintrag muß also eine Zuordnung zum gewählten Typ erfolgen. Die Festlegung weiterer Typen ist jederzeit möglich; die Anzahl der zu erstellenden Register ist also nicht begrenzt.

Bei der eigentlichen Erstellung der Register muß nun allerdings ebenfalls auf die jeweilige Typbezeichnung referiert werden. Dazu müssen wir an der Stelle, an der zuvor ein ›normales‹ Register erstellt wurde, den verborgenen Text sichtbar machen. Auch hier findet sich wieder ein Feld: Es ist bspw. das Feld

{ INDEX \c "2" }, das einen zweispaltigen Index erzeugt.

Verändert man dieses Feld zu

{ INDEX \ f "a" \c "2" },

so erzeugt dieses Feld nunmehr – im zuvor angesprochenen Beispiel – ein Autorenverzeichnis. Dieser Index berücksichtigt ausschließlich die Einträge im Text, die entsprechend gekennzeichnet wurden. Das Feld »{ INDEX \f "s" \c "2" }« erzeugt somit ein entsprechendes Sachregister.

4.3.3 Verzeichnisse von Tabellen, Abbildungen, etc.

Im Gegensatz zu Registern oder Indices, die ja identische Einträge kennen, geben Verzeichnisse jedes Vorkommnis der entsprechenden Kategorie einzeln wieder. Qua definitionem ist jeder Eintrag innerhalb einer Kategorie ja zumindest durch eine anderes Zählelement von allen anderen unterschieden.

Voraussetzung ist allerdings auch hier wieder, daß die Zuordnung zu einer Kategorie in einer Form erfolgte, die sie für den Computer erkennbar – und damit unterscheidbar – macht. Im Zusammenhang mit der Darstellung der Möglichkeiten, die für die Erstellung von Tabellen und die Einbindung von Graphiken in Manuskripten bestehen, wurde ja schon auf die Möglichkeit der sog. »Beschriftung« hingewiesen (vgl. hierzu S. 89f).

Ruft man also die Option »Einfügen/Index und Verzeichnisse ...« auf und wählt hier dann die Registerkarte Abbildungsverzeichnis, so stehen verschiedene »Kategorien« zur Verfügung.

Standardmäßig stehen »Abbildung« und »Tabelle« zur Verfügung; darüber hinaus diejenigen Kategorien, die bei der Beschriftung zusätzlich erstellt wurden.

Durch geeignete Kombination der Auswahlen in den betreffenden Feldern können die Angabe von Seitenzahlen, deren Positio-

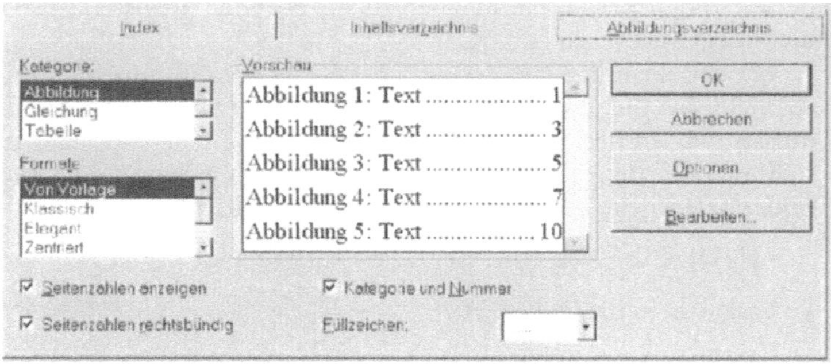

Abbildung 26: Verzeichnisse

nierung, sowie die Füllzeichen zwischen beschreibendem Text und Seitenzahl bestimmt werden.

Technisch gesehen funktioniert auch diese Programmoption wieder auf Feldern und verborgenem Text. Anders als bei den Registern stehen für die hier diskutierten Anwendungsfälle ausreichende Programmoptionen zur Verfügung. Ein Eingehen auf die entsprechenden Schalter, die auch hier zur Feinsteuerung benutzt werden können, ist von daher nicht notwendig. Sollte in extremen Ausnahmefällen dies dennoch notwendig werden, so ziehe man das Handbuch des Programms, bzw. die entsprechende online-Hilfe zu Rate.

4.4 Bibliographien

Zu den Standards einer wissenschaftlichen Arbeit gehört es, alle benutzten Quellen zu verzeichnen. Dabei gibt es zwei systematische Orte, an denen derartige Literaturangaben verzeichnet werden. Es sind zum einen die Fußnoten (vgl. S. 47ff), in denen die für den jeweiligen Textzusammenhang relevante Literatur verzeichnet wird, zum anderen eine gesonderte Bibliographie, die – nach Art und Umfang der Arbeit unterschiedlich – die für die Arbeit benutzte Literatur oder die für das behandelte Thema wichtige Literatur verzeichnet.

4.4.1 Die Anordnung der Literatur in der Bibliographie

Bei kürzeren Arbeiten – Referaten, Seminararbeiten, o.ä. – wird man sich in aller Regel auf ein Verzeichnis der für die Erstellung der Arbeit benutzten Literatur beschränken; allenfalls werden zusätzlich einige wenige Werke angeführt, die weiterführende Informationen bieten und auf die im Text der Arbeit in aller Regel auch schon verwiesen wurde.

Bei größeren Arbeiten kommt der Bibliographie darüber hinaus eine zweite Aufgabe zu: Mit der Bibliographie soll ein bestimmtes wissenschaftliches Arbeitsgebiet systematisch erschlossen werden. Je nach Grad der Eingrenzung des Themas wird dann die gesamte oder die wichtigste Literatur zum Thema in der Bibliographie versammelt. Die Erstellung einer Bibliographie stellt von daher eine eigene wissenschaftliche Leistung dar, sie ist Beleg für den Grad der wissenschaftlichen Durchdringung eines Spezialgebietes der Fachdisziplin.

Für die Anordnung der Titel im Literaturverzeichnis ergeben sich mehrere Möglichkeiten. Bei kurzen Arbeiten werden sämtliche Literaturangaben – Aufsätze, Beiträge in Sammelbänden, selbständige Publikationen, Primär- wie Sekundärliteratur – einheitlich alphabetisch angeordnet. Eine zusätzliche Zählung ist in der Regel nicht erforderlich.

Auch bei umfangreicheren Literaturverzeichnissen wird zumeist die gesamte Literatur in einem einheitlichen Alphabet angeordnet; hier tritt häufig aber eine Zählung der Titel hinzu.

Abhängig von der Art der Arbeit können aber auch bei Literaturverzeichnissen weitere Ordnungsprinzipien hinzutreten. So kann es bspw. bei bestimmten literaturwissenschaftlichen Arbeiten sinnvoll sein, zwischen Primär- und Sekundärliteratur zu unterscheiden. In anderen Fällen kann eine – u.U. zusätzliche – Gruppe von Quellentexten hinzutreten. Wird man bei den unterschiedlichen Gruppen von Literatur innerhalb der Gruppe die alphabetische Anordnung beibehalten, so können gerade bei Quellen auch andere – inhaltlich motivierte – Ordnungsprinzipien zum Einsatz kommen.

Bei sehr umfangreichen Bibliographien – aber auch hier wieder abhängig von inhaltlichen Faktoren – kann darüber hinaus die Anordnung nach Kapiteln der Arbeit oder nach Sachgebieten sinnvoll sein. Gerade die letztgenannte Form setzt eine sorgfältige systematisierende Beschreibung der Literatur bereits bei der Sammlung voraus (vgl. hierzu S. 13ff).

Unabhängig von der Art der Gesamtanordnung wird in den Fällen, in denen an einer Stelle der Bibliographie mehrere Titel des gleichen Autors verzeichnet werden, nur bei der ersten Nennung der Name des Autors, der Autoren angeführt. Bei den folgenden Titeln wird der Name nicht angeführt und statt dessen ein Spiegelstrich eingefügt.

Handelt es sich um ein kleines Literaturverzeichnis oder wurden die bibliographischen Angaben bereits in einer eigenen Datei, erstellt mit dem gleichen Textverarbeitungsprogramm, gesammelt, stellt die endgültige Bibliographie kein sonderliches Problem mehr dar. Die gesammelte Literatur kann an der gewünschten Stelle in das bestehende Manuskript eingefügt werden (über den Zwischenspeicher oder die Menüoption »Einfügen/Datei«). Es müssen jetzt allenfalls noch kleinere Verschiebungen in der Reihenfolge vorgenommen werden und – falls gewünscht – spezielle Auszeichnungen zur Hervorhebung des Autornamens und/oder des Titels (vgl. allgemein die Ausführungen zu benutzerdefinierten Formatvorlagen und hier speziell S. 55ff).

4.4.2 Erstellen von Bibliographien aus Datenbankprogrammen

Wurde für die Sammlung der Literatur ein spezielles Literaturverwaltungsprogramm oder ein an die eigenen Bedürfnisse angepaßtes Datenbankprogramm benutzt, so stellt die Zusammenstellung des Literaturverzeichnisses ebenfalls kein großes Problem dar. Die Datensätze werden zunächst in eine gesonderte Datei geschrieben und anschließend an der gewünschten Stelle eingefügt.

Bei der Ausgabe der Literaturdatensätze können sowohl der gesamte Inhalt der Datenbank als auch nach inhaltlichen Kriterien ausgewählte Teile derselben in der den Zitierregeln entsprechenden Form exportiert werden. Da die Literaturdatensätze in der Regel in alphabetischer Reihenfolge der Autornamen vorliegen, bzw. – durch einen Sortiervorgang innerhalb der Datenbanksoftware – leicht in diese Reihenfolge gebracht werden können, bedarf es innerhalb der in das Manuskript eingefügten Bibliographie keiner ordnenden Eingriffe mehr.

Den Literaturangaben müssen nun lediglich noch die speziellen Formatvorlagen zugewiesen werden. Soll die Wiederholung des Autornamens bei aufeinanderfolgenden Titeln des gleichen Autors vermieden werden, so müssen allerdings noch die mehrfachen Namensnennungen entfernt und durch Spiegelstriche ersetzt werden. Gegebenenfalls müssen diesen (verkürzten) Literaturangaben noch die speziellen Formatvorlagen zugeordnet werden. Beispielhafte Literaturangaben wurden bereits im Zusammenhang mit der Erörterung der Zitierregeln gegeben (vgl. S. 10ff).

Die Zuweisung spezieller Zeichenformate bspw. für Autornamen und/oder Titel stellt allerdings ein gewisses Problem dar. Hier sind die AutorInnen weitgehend auf Handarbeit, d.h. Zuweisung der betreffenden Formatvorlage in jedem Einzelfall angewiesen.

Leider kann diese Auszeichnung innerhalb der Literaturangabe nicht schon bei der Aufnahme in das Literaturverwaltungs- oder Datenbankprogramm erfolgen. Formatvorlagen sind Spezifika des für die Manuskripterstellung eingesetzten DTP-Programms, sie können nicht in anderen Programmen benutzt werden.

Auch für den umgekehrten Fall, daß spezielle Formatierungen mittels der Ausgabefunktion des Datenbankprogramms vorgenommen werden können, gelten Restriktionen: Wenn diese Formatierungen beim Schreiben in eine Datei überhaupt erhalten bleiben (zumeist wirken sich diese nur beim direkten Ausdruck auf Papier aus) so handelt es sich dann um sog. ›harte‹ Formatierungen; die Vorteile der Formatvorlagen können damit nicht genutzt werden.

Da die Informationen wie »Autorname(n)« und »Titel« in der Datenbank aber bereits als eigene Einheiten (Felder) vorliegen, können diese auch für die Benutzung innerhalb des DTP-Programms kenntlich gemacht werden. Allerdings setzt die Anwendung dieser Funktionalität vertiefte Kenntnisse der Datenverarbeitung, hier speziell der Programmierung von Makros innerhalb der Textverarbeitung voraus. (Eine ausführliche Darstellung ›Mini-Programme‹, die den automatischen Ablauf von Operationen der Textverarbeitung erlauben, würde den Rahmen dieser Darstellung sprengen, da hierfür zunächst Prinzipien der Programmierung und Spezifika der eingesetzten Makro-Programmiersprache erläutert werden müßten. Eine Darstellung dieser Möglichkeiten ist in einem gesonderten Band vorgesehen.)

Zum prinzipiellen Ablauf dieses Verfahrens sei an dieser Stelle nur soviel angemerkt:

Bei der Ausgabe der Literaturangaben in eine Datei werden bspw. Autornamen und Titel jeweils paarweise in spezielle Zeichen eingeschlossen. Hierfür werden Zeichen benutzt, die sonst im Text nicht vorkommen. Häufig benutzte Zeichen hierfür sind »$«, «#«,

»§«, »&«, »>« – sofern sie nicht ausnahmsweise im Text auftreten – oder Kombinationen aus diesen.

Nach diesen Zeichen, resp. Zeichenkombinationen kann dann der Text durchsucht werden. Als Ergebnis des Suchprozesses ist bspw. das erste Zeichen der Autorkennzeichnung markiert und kann problemlos entfernt werden. Der Cursor befindet sich dann auf dem ersten Buchstaben des Autornamens. Nun wird die Erweiterungsfunktion eingeschaltet und das zweite Auftreten des Markierungszeichens gesucht. Als Folge sind der Autorname oder die Namen der Autoren markiert und können mittels der Formatvorlage ausgezeichnet werden. Abschließend wird das schließenden Markierungszeichen gelöscht.

Alle beschriebenen Operationen innerhalb der Textverarbeitung werden in einem Makro gespeichert und anschließend beliebig oft automatisch ausgeführt. Durch programmiertechnische Eingriffe in den Text des Makros können sog. Schleifen erzeugt werden, die bewirken, daß dieser Prozeß des Suchens bestimmter Zeichen und Zuweisens einer Formatvorlage so oft wiederholt wird, bis das Ende der Datei erreicht ist.

Was hier am Beispiel des Autornamens kurz skizziert wurde, kann analog auf jede andere Zeichenformatierung, z.B. auf Buchtitel, übertragen werden. Das einmal erstellte – und auf seine Lauffähigkeit getestete – Makro muß hierzu nur in wenigen Punkten modifiziert und unter einem neuen Namen gespeichert werden.

5 Elektronische Suchhilfen

Zu den wichtigen Aufgaben bei der Erstellung eines wissenschaftlichen Manuskriptes zählt die Sammlung von Literatur. Auf den Aspekt der Erstellung einer speziellen Literaturliste für den persönlichen Bedarf oder für eine bestimmte Arbeit wurde am Anfang dieses Bandes bereits eingegangen. Unberücksichtigt blieb dabei die Frage, wie die Suche nach Literatur organisiert werden kann. Es kann nicht Aufgabe dieses Bandes sein, hier das systematische Bibliographieren zu beschreiben. Die Sichtung von Spezialbibliographien, Rezensionsorganen, Literaturverzeichnissen einschlägiger Publikationen, etc. wird hinreichend in Einführungsbänden in die Fachdisziplinen beschrieben; dieses Vorgehen hat seinen Stellenwert nach wie vor nicht verloren.

Hier sollen vielmehr zusätzliche Möglichkeiten beschrieben werden, wie mit Hilfe elektronischer Instrumente Literatur zu bestimmten Themengebieten gefunden werden kann.

Konnte früher generell auf die systematischen Kataloge der Bibliotheken verwiesen werden, die neben den Autorenkatalogen den Bestand einer Bibliothek nach inhaltlichen Gesichtspunkten und einer Fachsystematik verzeichnete, so sind diese Kataloge im Zuge der Umstellung der Bestandsverwaltung auf elektronische Mittel zwar noch nicht verschwunden, sie erfassen jedoch häufig nurmehr den sog. ›Altbestand‹ vor der Umstellung. Der Arbeitsaufwand für ihre weitere Pflege ist in den meisten Bibliotheken nicht mehr zu leisten. Lediglich in Spezialarchiven findet sich dieses Hilfsmittel auch heute noch.

In einer ersten Stufe, die auch heute noch in vielen Universitätsbibliotheken anzutreffen ist, wurden die systematischen Kataloge durch die Mikrofilmausgaben der sog. KWOC-Kataloge ersetzt. Diese bieten in alphabetischer Reihenfolge die sog. ›keywords‹ der Buchtitel im Kontext des Gesamttitels der Publikation. Als Schlüsselwörter werden dabei in der Regel die Substantive betrachtet.

Gegenüber den systematischen Katalogen haben diese Verzeichnisse allerdings den Nachteil, daß sie rein mechanisch erstellt werden und keine Einordnung einer Publikation in ein Fachgebiet auf der Grundlage bibliothekarischen Fachwissens mehr erfolgt. Taucht das gesuchte Schlagwort nun nicht im Titel der Publikation auf, so kann sie auf diesem Wege nicht gefunden werden, auch wenn sie einschlägig gewesen wäre.

Dieses Problem stellt sich für die verschiedenen wissenschaftlichen Fachdisziplinen in unterschiedlicher Weise. Während es im natur- bzw. ingenieurwissenschaftlichen Bereich und teilweise auch im sozialwissenschaftlichen Bereich üblich ist, zentrale Begriffe des behandelten Themas im Titel der Publikation erscheinen zu lassen, trifft dies bspw. für die Philologien nur in begrenztem Umfang zu.

Als Konsequenz aus dieser allgemeinen Feststellung muß der Informationssuchende seine Suchstrategien entsprechend modifizieren.

5.1 Elektronische Bibliothekskataloge

Die durch die Veränderungen bei der Erfassung der Literatur in Bibliotheken erzwungenen neuen Suchstrategien werden nun durch das elektronische Speichermedium zumindest in Teilen begünstigt. Zwar gelten die eben gemachten Einschränkungen für die Mikrofilmkataloge in ähnlicher Weise auch für den direkten Zugang zu den Bibliotheksdatenbanken, doch können aufgrund der hohen Geschwindigkeit bei der Recherche auch komplexe Abfragen und vor allem auch mehrfache Abfragen zu spezifischen Teilaspekten des bearbeiteten Themas durchgeführt werden.

Mittlerweile gestatten die meisten Universitätsbibliotheken ihren Nutzern/ Nutzerinnen die elektronische Abfrage der Bestände; an speziellen Terminals können die Literaturanfragen von den Bibliotheksbenutzern selbst eingegeben werden. Als Oberfläche wird überwiegend noch die im Erscheinungsbild auf nicht-graphikfähige Terminals ausgerichtete Datenbanksoftware der OPACs angeboten. Die Ergebnisse der Abfrage werden dann auf dem Bildschirm angezeigt, sie können in der Regel aber auch ausgedruckt oder in einer Datei zur weiteren elektronischen Verwendung in einem Manuskript gespeichert werden. Die Prozeduren hierfür unterscheiden sich leider je nach Universitätsstandort, entsprechende Anweisungen und Hilfen werden aber in Form von Leitfäden oder bei ›Einführungen in die Bibliotheksnutzung‹ gegeben.

Neben der Suche in den lokalen Beständen bieten die Universitätsbibliotheken in der Regel aber auch die Suche in den sog. Verbundkatalogen der Bundesländer an. Eine einzige Abfrage berücksichtigt dabei die Bestände mehrerer Universitätsbibliotheken, die Trefferquote ist entsprechend höher. Da die Suche aber in bestimmten Intervallen gesondert zusammengeführten Datenbankbeständen und nicht in den jeweils aktuellen elektronischen Katalogen durchgeführt wird, werden die neuesten Erwerbungen der Bibliotheken erst mit einer gewissen Verzögerung erfaßt.

In den Bibliotheken werden zunehmend aber auch weitere elektronische Erschließungsinstrumentarien zur Verfügung gestellt. Dies sind u.a. CD-ROMs mit speziellen Katalogen oder die Nutzungsmöglichkeit der online-Abfrage von Spezialdatenbanken. Die Nutzung der online-Datenbanken ist in aller Regel kostenpflichtig und wird daher fast ausschließlich von besonders geschultem Bibliothekspersonal nach den Vorgaben des Nutzers durchgeführt. Als Ergebnis der Abfrage erhält der Auftraggeber entweder einen Papierausdruck oder eine Datei auf einer Diskette. Die elektronische Ausgabe erleichtert natürlich die Weiterverarbeitung der Informationen.

Welche speziellen Angebote am jeweiligen Hochschulstandort vorhanden sind und auf welche Spezialgebiete sich diese erstrekken, bedarf der individuellen Recherche vor Ort; hier kann nur der allgemeine Hinweis auf die Existenz derartiger zusätzlicher Recherchcinstrumentarien gegeben werden.

Veränderungen bei den Suchstrategien

Das Wissen um die Datengrundlage für die elektronischen Suchinstrumente muß zu einer Veränderung der Suchstrategien gegenüber klassischen Sachkatalogen führen: Während die Suche auf der Grundlage von Autorennamen keiner Veränderung bedarf und erheblich beschleunigt wird, müssen bei der Suche auf der Basis von Schlagworten in der Regel weniger systematische Begriffe genutzt werden, da diese nicht zwangsläufig in den Titeln der Publikationen auftauchen müssen.

Dagegen sollten z.B. zentrale Begriffe innerhalb des in Frage stehenden Teilgebietes, signifikante Personen, Werke, Ereignisse, etc. mit in den Kanon der Suchbegriffe aufgenommen werden. Auf diese Weise können auch spezialisierte Titel gefunden werden.

Zu bedenken ist darüber hinaus, daß in den meisten Bibliotheken Zeitschriften und Sammelbände nicht inhaltlich erfaßt werden. Für diesen wichtigen Bereich haben die ›klassischen‹ Verfahren des Bibliographierens ihre Bedeutung nach wie vor nicht verloren.

5.2 Recherchen im Internet

Fast alle Universitäten bieten den Studierenden mittlerweile verschiedene Zugangsmöglichkeiten zum Internet an. Damit wird der Zugriff auf eine Fülle von Informationen möglich. An dieser Stelle kann nicht die gesamte Struktur des Internet beschrieben werden, es sollen vielmehr nur einige wenige zentrale Einstiegsmöglichkeiten für die Informationssuche im Internet vorgestellt werden.

Zugangsmöglichkeiten

Zugang zum Internet erhalten die Studierenden in der Regel in zweierlei Form: In den Universitäten finden sich spezielle Computerpools, die frei benutzt werden können. Auf diesen Computern sind neben lokal benutzbarer Software wie bspw. auch DTP-Programme zumeist auch sog. Browser installiert, mit denen der Zugang zum Internet – oder genauer zum World Wide Web – ermöglicht wird.

Das World Wide Web ist die graphische Oberfläche des Internet. Das Bewegen in diesem weltweiten Informationsraum erfolgt durch einfaches Anklicken eines speziell markierten Wortes oder eines entsprechenden Icons auf einer Bildschirmseite. Automatisch wird die Verbindung zu dem Rechner hergestellt, dessen Adresse hinter diesem »link« verborgen ist. Dabei spielt es nur eine untergeordnete Rolle, ob sich dieser Rechner am gleichen Ort, im gleichen Land oder bspw. auf einem anderen Kontinent befindet. Problematisch ist weniger das Aufsuchen bestimmter Informationsangebote als vielmehr das Finden geeigneter Informationsorte; hierzu später mehr.

Als zweite Möglichkeit des Zugangs zu Internet, resp. World Wide Web wird von den Universitäten angeboten, daß sich die Studierenden vom privaten Rechner zuhause per Telefonmodem in die entsprechenden Universitätsrechner einwählen können und damit am eigenen Schreibtisch mit der Welt verbunden sind.

Im Rahmen dieses Angebots wird den Studierenden in der Regel auch eine eigene e-mail-Adresse zugewiesen, die es möglich macht, weltweit elektronisch zu kommunizieren und sich bspw. auch an Diskussionen im Internet zu beteiligen, Kontakte zu anderen Gruppen aufzubauen und zu pflegen und damit u.U. weitere Informationsquellen zu erschließen.

Die Rechenzentren stellen in der Regel kostenlose Software für den Verbindungsaufbau sowie die für das Navigieren im World Wide Web notwendige Browser-Software zur Verfügung. Darüber hinaus wird eine Fülle weiterer Programme – für weitere Operationen im Internet und die Weiterverarbeitung von Informationen – an Studierende kostenlos abgegeben. Hinweise für die notwendigen Installationen und besondere lokale Gegebenheiten werden im Benutzerservice des jeweiligen Rechenzentrums gegeben.

Für die Studierenden, die diesen Service der Hochschulen nutzen möchten, entstehen neben den Anschaffungskosten für ein Telefonmodem und für die Telefonverbindung (zum Ortstarif) während der Arbeitssitzungen keine weiteren Kosten mehr.

In der Folge sollen nun einige Nutzungsmöglichkeiten des Internet beschrieben werden. Allerdings muß ausdrücklich betont werden, daß in diesem Zusammenhang lediglich erste Hinweise gegeben und Ansatzpunkte für die eigenen Recherchen aufgezeigt werden können. Im Verlauf der Suche nach Informationen im Internet wird sich schnell herausstellen, welche Rechner besonders wichtige Informationen für die eigenen Interessen bereit halten. Die Adressen dieser Rechner, resp. der entsprechenden Informationsseiten auf diesen Rechnern, lassen sich leicht in einem persönlichen Adressbuch (sog. bookmarks) sammeln. Im Laufe der Zeit kann so schnell eine spezielle Liste entstehen, die Informationen über Informationsorte verzeichnet. Aufgrund der schnellen Veränderungen im Netz und des ständigen Anwachsens der Informationsangebote bedarf eine solche Liste allerdings der ständigen Überprüfung (und gegebenenfalls Aktualisierung) und Erweiterung.

Weitergehende Hinweise zu Suchstrategien im Internet bietet u.a. Lammarsch 1995.

5.2.1 Zugang zu Bibliotheken

Die meisten Universitätsbibliotheken sind mit ihren elektronischen Katalogen mittlerweile auch über das Internet erreichbar. Damit können notwendige Recherchen nun nicht mehr nur in der Bibliothek selbst, sondern zu jeder Zeit auch von zuhause aus durchgeführt werden. Diese Zugangsmöglichkeit bietet neben einer – gegenüber den eingangs erwähnten OPACs – ansprechenderen und bedienerfreundlicheren Oberfläche eine erweiterte Funktionalität: Den registrierten Benutzern wird in der Regel auch die Möglichkeit eröffnet, Bücher vorzumerken und weitere Optionen des lokalen Leihverkehrs zu nutzen.

Vor allem aber ist der Zugang zu Bibliotheken auf diesem Zugangsweg nicht mehr auf die lokale Bibliothek oder den jeweiligen Verbundkatalog beschränkt. Vielmehr werden nun weltweit Recherchen in Bibliotheken mit besonders großen Beständen oder vor allem auch mit speziellen Sammelgebieten möglich.

Die Bibliotheken der jeweiligen Universität geben in aller Regel Hinweise auf weitere Zugangsmöglichkeiten zu elektronischen Katalogen. Als eine zentrale Stelle, die Informationen darüber anbietet, welche Bibliotheken in Deutschland erreichbar sind, und welche Spezialbibliotheken welche Literatur sammeln, sei hier stellvertretend der Dienst der Universität in Hannover (http://www.laum.uni-hannover.de/iln/bibliotheken/bibliotheken.html) genannt.

Weitere Hinweise auf wichtige internationale Bibliotheken mit Zugangsmöglichkeit über das Internet bietet u.a. (Kaiser 1996, hier besonders S. 122ff).

So ist z.B. auch die Bibliothek mit dem weltweit wahrscheinlich größten Bestand über das Internet erreichbar: Die vielfältigen Bestände der Library of Congress in Washington sind – soweit sie elektronisch erschlossen sind – unter der Adresse (http://marvel.loc.gov) zu erreichen. Besonders einfach kann mit einer Suchmaske, die an einer deutschen Universität angeboten wird, auf den Online Katalog der Buchbestände zugegriffen werden (http://www.uni-mannheim.de/users/bibsplit/litrech.html).

5.2.2 Elektronische Archive

Im Gegensatz zu den Bibliotheken, deren elektronische Kataloge lediglich auf die Bestände verweisen, haben sich in der Vergangenheit aber bereits auch Archive etabliert, die ihre Archivalien nicht mehr nur in gedruckter Form bereithalten, sondern sie in elektronischer Form anbieten. War in den Anfangsjahren deren Nutzung nur dadurch möglich, daß nach Anforderung Texte auf Bändern oder Disketten verschickt wurden, so öffnen sich diese Archive zunehmend auch für Nutzer über das Internet.

Die Frage der Aufbereitung elektronischer Texte für die Nutzung stellt einen eigenen Problembereich dar, den es hier nicht näher zu erörtern gilt. Als zentrale Begriffe in technischer Hinsicht seien hier nur die Auszeichnung der Texte mittels SGML und geeignete Volltext-Recherche-Programme genannt. Darüber hinaus stellen die copyright-Rechte von Texten ein zentrales Problem der Nutzung dar.

Aus diesem Grunde finden sich bspw. im »Projekt Gutenberg« vorwiegend ältere Texte. Das »Projekt Gutenberg« wurde zunächst in den USA gegründet und hat mittlerweile ein deutsches Pendant bekommen. Insgesamt hat sich diese Initiative zum Ziel gesetzt, zentrale Werke der Weltliteratur in elektronischer Form allgemein zugänglich zu machen. (http://promo.net/pg/ oder auch: http//www.abc.de/gutenb/gutenb.html)

Andere Archive wie bspw. das »Oxford Text Archive« verfügt zwar auch über neuere Texte – so auch eine Reihe deutschsprachiger Texte –, dafür können die dort gesammelten Texte nicht vollkommen frei genutzt werden; teilweise ist der Zugriff auf die Texte kostenpflichtig. Nähere Informationen zu den Beständen und zur Nutzung finden sich unter: ftp://ftp.ox.ac.uk/pub/ota/public/textarch.inf

Als ein elektronisches Verzeichnis zugänglicher elektronischer Texte in Europa – bezeichnenderweise aber nicht in Europa selbst gepflegt – liefert die University of Virginia einen Katalog »European literature« (http://www.lib.virginia.edu/wess/etexts.html), der auf entsprechende Archive und auch Einzeltexte verweist.

Weitere Adressen von Archiven bietet z.B. Kaiser 1996, S. 132ff.

Diese Hinweise können keineswegs vollständig sein und streben dies auch nicht an. Die hier gegebenen ersten Anlaufadressen sollen lediglich als Einstiegspunkte für eigene Recherchen dienen. Der Markt für derartige Informationen verändert sich rasch, und teilweise täglich kommen neue Informationsangebote hinzu.

Schon wer lediglich die Veränderungen in einem bestimmten Spezialgebiet verfolgen will, ist auf ein kontinuierliches persönliches Engagement angewiesen.

5.2.3 Informationsorte

Neben den Bibliotheken als den ›klassischen‹ Orten der Sammlung von Informationen stellt das Internet selbst zunehmend einen weltweiten Informationsraum dar. In diesem ›globalen Informationssystem‹ stehen viele Informationen zur Verfügung, wobei es aber zunehmend schwieriger wird, die gerade benötigte Information aufzufinden. In dieser für den Nutzer des Internet schwierigen Situation haben sich verschiedene Möglichkeiten der Unterstützung bei der Suche herausgebildet. Neben den Suchmaschinen, auf die in der Folge noch einzugehen sein wird, sind es vor allem die Informationsdienste, die versuchen, zumindest in einem gewissen Umfang Ordnung in die unüberschaubare Fülle der Informationen zu bringen.

Nach Themengebieten geordnet werden hier Verweise auf Internetangebote versammelt. Für die NutzerInnen ist es in einem ersten Angang ausreichend, die dort angebotenen Hinweise zu verfolgen und systematisch die jeweiligen Informationsseiten aufzusuchen. Je nach Themengebiet kann sich eine derartige Recherche als sehr aufwendig erweisen, da die Verfolgung der einzelnen links nicht nur sehr zeitraubend sein kann, sondern darüber hinaus auch auf den aufgerufenen Informationsseiten selbst wieder Hinweise auf weitere Informationen enthalten sein können, deren systematische Auswertung wiederum Zeit erfordert.

Trotz der tendenziell endlosen Verweisstruktur sind diese Informationsorte hilfreiche Einstiegspunkte in den Informationsraum des Internet. Dabei muß aber stets bedacht werden, wie die Informationen dieser Dienste gesammelt, aufbereitet und präsentiert werden. Für die Aufnahme eines Internetangebotes in einen derartigen Informationsdienst ist eine Anmeldung des eigenen Angebots bei diesem Dienst erforderlich. Es können demnach nur die Informationen ermittelt werden, deren Anbieter sich aktiv um den Eintrag in entsprechenden Verzeichnissen bemüht haben.

Dieser Einschränkung steht der Vorteil einer redaktionellen Betreuung der versammelten Informationen gegenüber. Im Sinne der klassischen Rubrizierung werden die einzelnen Informationsangebote geordnet und sind so nach Durchlaufen einer Baumstruktur (in der Regel nach wenigen Auswahlschritten) schnell zugänglich.

Die Qualität dieser Informationsorte bemißt sich also einerseits nach der redaktionellen Aufbereitung der Informationen, wie sie anderseits auch von dem Frageinteresse der Informationssuchenden abhängig ist. Werden Informationen allgemeiner Art gesucht, so sind allgemeine Überblicksseiten wahrscheinlich der geeignete Einstiegsort für die Recherche im Internet. Für Fragen in einem speziellen Sachgebiet oder einer bestimmten Forschungsrichtung existieren demgegenüber – zumindest teilweise – eigene Informationsdienste, die somit schnellere und ausführlichere Informationen versprechen.

Es kann an dieser Stelle nicht darum gehen, für jedes Fachgebiet die jeweiligen Informationsdienste zu verzeichnen, soweit diese überhaupt schon existieren. Aufgezeigt werden sollen hier aber Möglichkeiten, wie diese Informationen gefunden werden können.

Eine Möglichkeit, gezielt auf Informationen von deutschen Anbietern zuzugreifen, besteht über eine Auswahl nach Standorten. Hierfür steht eine Deutschlandkarte zur Verfügung, auf der alle Orte verzeichnet sind, die Informationsangebote im World Wide Web präsentieren. (http://www.entry.de)

Nach Anwahl des gewünschten Ortes werden die einzelnen Anbieter in der Regel in alphabetischer Reihenfolge aufgelistet, bei großen Standorten wird darüber hinaus auch noch eine Rubrizierung der Angebote vorgenommen. Auf diese Weise lassen sich z.B. leicht die Angebotsseiten der Universitäten oder Forschungseinrichtungen ermitteln, die für das in Frage stehende Fachgebiet von besonderer Bedeutung sind. Innerhalb bspw. der Universitätsangebote lassen sich dann leicht die betreffenden, Fakultäten, Fachbereiche, Institute oder Forschungseinrichtungen ermitteln. Neben den Informationen über die am Standort verfolgten Forschungsinteressen und entsprechenden Kontaktinformationen finden sich in diesen Angeboten häufig auch Hinweise auf weiterführende Informationsangebote, sei es innerhalb des eigenen Informationsangebotes oder als Hinweis auf zentrale sowie internationale Informationsorte.

Die Verfolgung nur sehr weniger Hinweise kann hier in aller Regel schon einen beachtlichen Katalog von Informationsorten erzeugen, der nach den Bedürfnissen und Fachinteressen des jeweiligen Internetnutzers ausgerichtet ist.

Andere Informationsorte bieten eine Anordnung der Hinweise auf Internetangebote nach thematischen Kriterien. Als Einstiegspunkte für weitergehende Recherchen können sie wertvolle erste Informationen liefern. Im deutschsprachigen Raum sei hier an erster Stelle das Informationsangebot der Deutschen Internet Organisation »Dino« genannt (http:/www.dino-online.de). Hier finden sich neben allgemeinen Informationen wie Verzeichnissen von Zeitungen, Zeitschriften, etc. auch nach Wissensgebieten geordnete Hinweise.

Auch noch im allgemeinen Bereich angesiedelt verzeichnet ein Dienst in der Schweiz wichtige Informationsmittel für Journalisten (http://www.nzz.ch/format/journalist.html). Neben der eigentlichen Zielsetzung kann dieser Dienst wegen seiner Hinweise auf allgemeine Informationsquellen aber auch im wissenschaftlichen Bereich erste Quellenhinweise liefern.

Für den Bereich der Philologie hat sich z.B. erst kürzlich ein Dienst etabliert, der es sich zur Aufgabe gesetzt hat, vorwiegend für den deutschsprachigen Raum entsprechende Quellen zu verzeichnen (http://www.computerphilologie.uni-muenchen.de).

Wichtige Einstiegspunkte für die Information über die jeweilige Fachdisziplin finden sich häufig auch in den entsprechenden ›homepages‹ der jeweiligen Fächer, resp. Studiengänge an der eigenen Universität. Sollte die Suche dort nicht erfolgreich sein, so besuche man die entsprechenden Seiten der jeweiligen Fachdisziplin oder benachbarter Fächer an anderen (renommierten) Hochschulen.

Auf lange Sicht bietet lediglich die Sammlung wichtiger Informationsorte und interessanter Seiten in »persönlichen Adreßbüchern« (sog. ›bookmarks‹) die Möglichkeit, hier ein auf die individuellen Bedürfnisse zugeschnittenes Erschließungsinstrument des Informationsraumes Internet zu schaffen. Wie auch schon bei den ›klassischen‹ Erschließungsmethoden entscheidet das persönliche Engagement über die Qualität und damit die Effizienz des selbstgeschaffenen Instruments.

5.2.4 Suchmaschinen

Neben der systematischen Erschließung von Informationen steht im Internet selbst ein weiteres Instrument zur Verfügung, das die Suche nach Informationen erleichtern soll. Die Rede ist von den sog. Suchmaschinen: Verschiedene Anbieter stellen dieses Instrument kostenlos zur Verfügung. Hier können die NutzerInnen Stichworte in eine Suchmaske eingeben und als Ergebnis der Anfrage an die hinter dem Angebot stehende Datenbank erhalten sie eine mehr oder minder große elektronische Liste von Seiten im Internet, die das gesuchte Wort enthalten.

Mit dieser Formulierung ist bereits der Kern der Problematik dieser Suchdienste umschrieben: Auf der einen Seite stellen sie wertvolle und teilweise unerläßliche Hilfsmittel zur Lokalisierung von Informationsangeboten im World Wide Web dar, andererseits ›erstickt‹ der Nutzer teilweise in einer Flut von Antworten.

Ähnlich wie schon bei der Suche in elektronischen Bibliothekskatalogen kann hier nur eine Veränderung der Suchstrategien Abhilfe schaffen. Um diese aber mit Aussicht auf Erfolg verändern zu können, müssen zumindest rudimentäre Kenntnisse über das Funktionieren dieser Dienste vorhanden sein.

Grundlage für die Antworten dieser Dienste ist eine Datenbank. Die in dieser Datenbank verzeichneten Informationen werden dabei allerdings nicht redaktionell bearbeitet, sie stammen vielmehr von sog. web-crawlern, die beständig das gesamte Netz nach neuen Informationen absuchen. Diese spezialisierten Programme ›besuchen‹ in regelmäßigen Abständen alle Informationsanbieter und durchsuchen dabei alle angebotenen Internet-Seiten. Deren Inhalte werden indiziert und als entsprechender Verweis in die Datenbank des Informationsdienstes aufgenommen.

Allein die Tatsache, daß ein bestimmtes Wort – oder genauer eine bestimmte Abfolge von Buchstaben – auf einem Angebot im World Wide Web enthalten ist, reicht aus, um die Adresse dieser Seite in der Datenbank des Informationsdienstes zu verzeichnen. Es findet keinerlei Bewertung statt, weder in inhaltlicher noch in formaler Hinsicht.

Im Gegensatz zu den Angeboten im Netz, die auf Bibliotheks- oder Archivbestände verweisen, in gewissem Sinne also als Metainformationen zu bezeichnen sind, erschließen die Suchmaschinen in erster Linie Informationsangebote, die als elektronische Dokumente im Netz zur Verfügung gestellt werden. Suchmaschinen sind daher den Volltext-retrieval-Programmen zu vergleichbar, die bei der philologischen Arbeit mit Texten ihr Haupteinsatzfeld haben.

Eine der Konsequenzen für den Informationssuchenden kann daher nur sein, einerseits die Anzahl der möglichen Antworten zu begrenzen und gleichzeitig – zumindest in einem gewissen Umfang – eine inhaltliche Zentrierung der Antworten vorzunehmen. Hierzu können sie die Suchanfrage mittels mehrerer verwandter Begriffe – von denen zu erwarten steht, daß sie in dem gesuchten Dokument gleichzeitig enthalten sind – sowie den bekannten »Boolschen Operatoren« präziser machen. Auch in diesem Fall wird der Aufwand für die Sichtung einer großen Menge von Informationen nach wie vor noch erheblich sein. Allerdings steht zu erwarten, daß die Qualität der Hinweise erheblich größer geworden ist.

In dieser unbefriedigenden Situation Abhilfe zu schaffen, wird eine wichtige Aufgabe der nächsten Jahre sein. Bestrebungen hierzu sind bereits vorhanden. Die Lösung wird derzeit darin gesehen, daß alle Dokumente von den AutorInnen mit entsprechenden Metainformationen versehen werden sollen. Diese Metainformationen, die Bestandteil des Textes sind, ohne daß sie für die LeserInnen unmittelbar sichtbar sind, sollen dabei die Qualität von Schlagworten haben. Damit wäre die Möglichkeit eröffnet, sich von der ausschließlichen Orientierung am Textkorpus weg und hin zu einer qualitativen Beschreibung des Textes zu bewegen. Der mit dem Verschwinden der Sachkataloge in den Bibliotheken einsetzende Verlust von qualitativ hochwertiger Erschließung von Informationseinheiten (i.e. im Falle der Bibliothek der Bücher) wäre auf diesem Wege zu kompensieren.

Die Suchmaschinen unterscheiden sich sowohl in der Quantität der Einträge wie auch in der Auswahl der systematisch durchsuchten Server im Internet. Die Rechenzentren der Universitäten bieten in aller Regel als Dienstleistung eine Verweisliste auf Suchmaschinen an.

Eine als Suchmaske aufbereitete Liste, die eine leichte Auswahl der zu benutzenden Suchmaschine anbietet, wird bspw. an der Universität Siegen angeboten. Darüber hinaus findet sich dort eine weitere Suchmaske, die das gleichzeitige Durchsuchen der Datenbestände mehrerer Suchdienste erlaubt (http://www.unix-ag.uni-siegen.de/search/).

Selbstverständlich können die Suchmaschinen aber auch direkt aufgerufen und genutzt werden; hier einige der wichtigeren Adressen:

- Alta Vista (http://www.alta-vista.digital.com)
- Hotbot (http://www.hotbot.com)
- Yahoo (http://www.yahoo.com bzw. http://www.yahoo.de)

Hierbei ist auf eine Besonderheit des letztgenannten Dienstes zu verweisen: Die von den ›web-crawlern‹ von yahoo gesammelten Informationen werden redaktionell aufbereitet und in entsprechenden Kategorien zur Suche zur Verfügung gestellt. Allein schon die Tatsache, daß es nationale Organisationen gibt, zeigt, daß hier auch eine Beschränkung auf entsprechende Angebote leicht erfolgen kann. Dennoch ersetzt diese erste Aufbereitung der Informationen keine systematische Erschließung der Informationen und eine Verschlagwortung im eigentlichen Sinne.

5.3 Zitieren von Internet-Dokumenten

Die Internet-Adresse eines Servers wird auch als dessen URL bezeichnet. Diese setzt sich aus einer Angabe über den benutzten Dienst (genauer das benutzte Transportprotokoll (i.e. »http://«), der Angabe des Servernamens im eigentlichen Sinne (z.B. »www.laum.uni-hannover.de«), sowie der Angabe der speziellen Angebotsseite – einschließlich der Positionierung auf dem Server (i.e. der entsprechenden Verzeichnisstruktur – (z.B. »/iln/bibliotheken/bibliotheken.html«) zusammen. Die vollständige Zitation dieser Netzadresse (URL) ist auf S. 134 wiedergegeben. Zu weiteren Beispielen vergleiche die Angaben von Netzadressen in diesem Abschnitt des Bandes.

Mit der Erschließung des Internets als Informationsquelle ist aber auch ein neues Problem entstanden. Solange das Netz als Zugangsweg zu real existierenden Bibliotheken und Archiven genutzt wird, steht am Ende der Recherche immer wieder auch ein Buch, ein Dokument, o.ä. Hierfür sind die Regeln für die Quellenangaben bekannt und auch im Rahmen dieses Bandes bereits behandelt worden.

Schwierig ist dagegen die Situation, wenn auf Informationen verwiesen werden soll, die ausschließlich als elektronische Texte im Internet existieren. Auf die Angabe der URL eines Informationsortes im World Wide Web ist ja bereits kurz eingegangen worden. Zur Angabe, auf welchem server sich das entsprechende elektronische Dokument befindet, tritt die Information hinzu, in welchem Unterverzeichnis und mit welchem Dateinamen das Dokument gespeichert wurde. Diese Informationen ergänzen die Namensbezeichnung des Servers und können als Adresse unmittelbar zum

Aufruf des betreffenden Dokumentes mittels eines browsers genutzt werden. Insofern besteht kein prinzipieller Unterschied zum Zitieren eines ›klassischen‹ Dokumentes, im Gegenteil, der Zugriff auf das Dokument selbst wird erheblich erleichtert, da es keiner ansonsten u.U. notwendigen langwierigen Bestellprozedur mehr bedarf.

Das Problem entsteht vielmehr durch das exponentielle Wachstum des Netzes. Allein schon aus technischen Gründen müssen Server ersetzt und teilweise auch die sie identifizierenden Namen geändert werden. Damit ist ein Zugriff auf das Dokument nicht mehr möglich, da die Adresse des Servers ja Bestandteil der Referenz sein muß.

Ein zweiter Problembereich entsteht durch die leichte Veränderbarkeit elektronischer Dokumente. Ohne daß es dem Dokument anzusehen wäre, kann der Inhalt – u.U. sehr subtil – verändert werden. Der spätere Besucher der Webseite trifft auf eine veränderte Information gegenüber derjenigen, die Gegenstand der ursprünglichen Referenz war.

In beiden Fällen kann hier auf Dauer nur die Seriosität der Anbieter eine Lösung bringen. Seriöse Anbieter von Informationen verschwinden nicht spurlos aus dem Netz. Sollte aus technischen oder sonstigen Gründen ein Wechsel der Netzadresse notwendig werden, so kann an der ursprünglichen Adresse für einen längeren Zeitraum ein Hinweis auf die neue Adresse hinterlassen werden. Technisch ist es dabei möglich, daß der Informationssuchende automatisch zum neuen Informationsort transportiert wird. Ein entsprechender Hinweis auf den Adressenwechsel fordert ihn dabei gleichzeitig auf, die Adressenänderung in seinen elektronischen oder sonstigen Unterlagen ebenfalls vorzunehmen.

Werden diese Regeln von den Informationsanbietern eingehalten, so steht einer Zitation auch von elektronischen Dokumenten nichts entgegen. Als Hinweis auf den Aktualitätsgrad der angegebenen Adresse wird daher häufig das Datum des letzten Besuches (Verifikation) angegeben (z.B. »verifiziert am 23. April 1997« oder »Stand vom 30. Mai 1997«).

Ähnlich verhält es sich bei inhaltlichen Veränderungen der Dokumente. Seriöse Anbieter geben auf ihren Informationsangeboten sowohl das Datum der ersten Erstellung, als auch das Datum der letzten Änderung an; teilweise wird auch eine Versionsnummer des Netzangebotes ausgewiesen. Wird bei der Referenz auf ein elektronisches Dokument also zusätzlich zur Adresse die Versionsnummer oder das Datum des Besuches resp. der letzten Verifizierung der Quelle angegeben, so hat der spätere Besucher zumindest eine Kontrollmöglichkeit, ob es sich bei der ihm vorliegenden Informationsseite noch um die gleiche Version handelt.

Eine zur Angabe der eigentlichen URL hinzutretende Angabe kann etwa lauten: »Version 2.5.1« oder »in der Fassung vom 5. Sept. 1995 (=Datum der letzten Änderung)«.

Auch hier wieder sind die Nutzer der Informationen natürlich auf die Seriosität der Anbieter angewiesen. Zitationen von Informationen aus dem Netz sind somit nur in dem Maße sinnvoll, wie eine Zuverlässigkeit der Informationsanbieter unterstellt werden kann.

Abbildungsverzeichnis

Literaturhinweise

BANGEN, GEORG: *Die schriftliche Form germanistischer Arbeiten: Empfehlungen für die Anlage und die äußere Gestaltung wissenschaftlicher Manuskripte unter besonderer Berücksichtigung der Titelangaben von Schrifttum.* 9., durchgesehene Aufl. Stuttgart: Metzler 1990. (= Sammlung Metzler Bd. 13)

BUDER, MARIANNE, WERNER REHFELD UND THOMAS SEEGER (HRSG.): *Grundlagen der praktischen Information und Dokumentation. Ein Handbuch zur Einführung in die fachliche Informationsarbeit.* 3., völlig neu gefaßte Ausgabe. Bd. 1-2. München, London, New York, Paris: Saur 1990. (=DGD-Schriftenreihe, Bd. 9)

ECCO, UMBERTRO: *Wie man eine wissenschaftliche Abschlußarbeit schreibt? Doktor-, Diplom- und Magisterarbeiten in den Geistes- und Sozialwissenschaften.* 4., überarbeitete Aufl. der deutschen Ausgabe. Heidelberg: C.F. Müller 1991. (=Uni-Taschenbücher 1512)

GAUS, WILHELM: *Dokumentations- und Ordnungslehre. Lehrbuch für die Theorie und Praxis des Information Retrieval.* Berlin, Heidelberg, New York, Tokyo: Springer 1983.

KAISER, REINHARD: *Literarische Spaziergänge im Internet. Bücher und Bibliotheken online.* Frankfurt/M: Eichborn 1996.

KAMMER, MANFRED: *Literarische Datenbanken. Anwendungen der Datenbanktechnologie in der Literaturwissenschaft.* München: Fink 1995.

LAMMARSCH, JOACHIM, HELGE STEENWEG: *Internet & Co. Elektronische Fachkommunikation auf akademischen Netzen.* 2., überarb. Aufl. Bonn, u.ö.: Addison-Wesley 1995.

RÜCKRIEM, GEORG, JOACHIM STARY, NORBERT FRANCK: *Die Technik wissenschaftlichen Arbeitens. Eine praktische Anleitung.* 6. Aufl. Paderborn, München, Wien, Zürich: Schöningh 1990. (=UTB 724)

SESINK, WERNER: *Einführung in das wissenschaftliche Arbeiten ohne und mit PC.* 3. Aufl. München: Oldenbourg 1996.

Angaben zum Autor

Manfred Kammer, geb. 1949; 1981 Promotion; 1992 Habilitation; Hochschuldozent an der Universität Siegen; Forschung und Lehre im Bereich ›Anwendungen der Informatik in den Geisteswissenschaften‹, Medienwissenschaft mit dem Schwerpunkt ›Neue Medien‹.

Die 300 Bände der »Sammlung Metzler« mit ihren zahlreichen Neuerscheinungen spiegeln 35 Jahre Fachgeschichte der Germanistik. Dominierten am Anfang noch Themen aus der Mediävistik und Bände zu einzelnen Autorinnen und Autoren, behandeln die Bände der »Sammlung Metzler« heute eher übergreifende Zusammenhänge: Gattungen, Epochen, allgemeine Einführungen. Insbesondere der Philosophie und der Medienwissenschaft gilt ein neuer Schwerpunkt, der noch ausgebaut wird.

Ziel der »Sammlung Metzler« ist es, zu seminarfähigen Themen im Bereich der Literatur, Sprach- und Medienwissenschaften sowie der Philosophie anschauliche Einführungen zu liefern. Jeder Band soll in konzentrierter Form über einen Autor oder ein Sachthema das grundlegende Wissen vermitteln und dadurch zu eigener Arbeit anleiten.

Seit vielen Jahren ist die Reihe ein unentbehrlicher Studienbegleiter für Schule und Universität geworden.

Bitte beachten Sie die folgenden Seiten

LITERATURGESCHICHTE

Mittelalter/Reformation

Joachim Bumke
Wolfram von Eschenbach
SM 36. 7., völlig neu bearbeitete Auflage. 1997. XII, 274 Seiten, kart., DM 26,80/öS 196,–/sFr 25,–
ISBN 3–476–17036–5

Diese 7. Auflage wurde insbesondere in den Kapiteln zu »Interpretationsproblemen« und zur Entstehung, Überlieferung und Wirkungsgeschichte des »Parzival« ergänzt. Ein Kapitel zur Rolle des Erzählers im »Parzival« ist neu hinzugekommen.

Herwig Buntz
Die deutsche Alexanderdichtung des Mittelalters
SM 123. 1973. VIII, 54 Seiten, kart., DM 19,80/öS 145,–/sFr 19,80
ISBN 3–476–10123–1

Carola L. Gottzmann
Artusdichtung
SM 249. 1989. X, 268 Seiten., kart., DM 26,80/öS 196,–/sFr 26,80
ISBN 3–476–10249–1

Der Schwerpunkt dieser Darstellung des bis in die Gegenwart lebendigen Artusstoffes liegt auf der Genese und auf der hochhöfischen Artusepik in Frankreich (Chrétien) und Deutschland (Hartmann, Wolfram).

Werner Hoffmann
Altdeutsche Metrik
SM 64. 2. Auflage. 1981. X. 134 Seiten, kart., DM 22,80/öS 167,–/sFr 22,80
ISBN 3–476–12064–3

Werner Hoffmann
Nibelungenlied
SM 7. 6., überarbeitete und erweiterte Auflage. 1992. XII, 168 Seiten, kart., DM 24,80/öS 182,–/sFr 24,80
ISBN 3–476–16007–6

Diese überarbeitete und aktualisierte Auflage gibt Auskunft zu Forschungsgeschichte, Stoffentwicklung und Überlieferung, Entstehungsumstände, metrische Form etc.

Dieter Kartschoke
Altdeutsche Bibeldichtung
SM 135. 1975. IX, 88 Seiten, kart., DM 19,80/öS 145,–/sFr 19,80
ISBN 3–476–10135–5

Bert Nagel
Meistersang
SM 12. 2. Auflage. 1971. VIII, 108 Seiten, kart., DM 19,80/öS 145,–/sFr 19,80
ISBN 3–476–10012–X

Georg Scherer
Philosophie des Mittelalters
SM 271. 1993. VI, 191 Seiten, kart., DM 24,80/öS 182,–/sFr 24,80
ISBN 3–476–10271–8

Georg Scherer bespricht in seiner Einführung Philosophen wie Anselm von Canterbury, Moses Maimonides, Thomas von Aquin, Meister Eckhardt und Cusanus.

Günther Schweikle
Minnesang
SM 244. 2., korrigierte Auflage.
1995. XVI, 243 Seiten, kart.,
DM 24,80/öS 182,–/sFr 24,80
ISBN 3–476–12244–1

Minnesang in neuer Sicht: Günther Schweikle stellt den mittelhochdeutschen Minnesang bis 1300 in der thematischen und formalen Breite und Fülle vor, wie er in den Handschriften erscheint.

Günther Schweikle
Neidhart
SM 253. 1990. XII, 157 Seiten, kart.,
DM 24,80/öS 182,–/sFr 24,80
ISBN 3–476–10253–X

Günther Schweikle entwirft ein Bild von Neidharts schöpferischer Leistung – nicht mehr nur auf der schmalen Basis der bisher für »echt« deklarierten Texte, sondern aufgrund der gesamten Überlieferung.

Klaus von See
Germanische Verskunst
SM 67. 1967. VI, 80 Seiten, kart.,
DM 19,80/öS 145,–/sFr 19,80
ISBN 3–476–10067–7

Cor Soeteman
Deutsche geistliche Dichtung des 11. und 12. Jahrhunderts
SM 33. 2. Auflage.
1971. VIII, 86 Seiten, kart.,
DM 19,80/öS 145,–/sFr 19,80
ISBN 3–476–10033–2

Bernhard Sowinski
Lehrhafte Dichtung des Mittelalters
SM 103. 1971. X, 134 Seiten, kart.,
DM 19,80/öS 145,–/sFr 19,80
ISBN 3–476–10103–7

Helmut Tervooren
Sangspruchdichtung
SM 293. 1995. IX, 148 Seiten, kart.,
DM 26,80/öS 196,–/sFr 26,80
ISBN 3–476–10293–9

Helmut Tervooren gibt einen Überblick über Themen und Darbietungsformen und behandelt die einzelnen Autoren und Sänger als Repräsentanten der gattungsgeschichtlichen Entwicklung.

Gottfried Weber/Werner Hoffmann
Gottfried von Straßburg
SM 15. 5. Auflage. 1981. VIII, 122 Seiten,
kart., DM 19,80/öS 145,–/sFr 19,80
ISBN 3–476–15015–1

Roswitha Wisniewski
Mittelalterliche Dietrich-Dichtung
SM 205. 1986. XI, 281 Seiten, kart.,
DM 26,80/öS 196,–/sFr 26,80
ISBN 3–476–10205–X

Herbert Wolf
Martin Luther
Eine Einführung in germanistische Luther-Studien
SM 193. 1980. XII, 178 Seiten,
kart., DM 24,80/öS 182,–/sFr 24,80
ISBN 3–476–10193–2

Barock

Robert Alexander
Das deutsche Barockdrama
SM 209. 1984. X, 204 Seiten, kart.,
DM 24,80/öS 182,–/sFr 24,80
ISBN 3–476–10209–2

Bernhard Asmuth
Daniel Casper von Lohenstein
SM 97. 1971. VIII, 79 Seiten, kart.,
DM 19,80/öS 145,–/sFr 19,80
ISBN 3–476–10097–9

Wolfgang Hecht
Christian Reuter
SM 46. 1966. VI, 69 Seiten, kart.,
DM 19,80/öS 145,–/sFr 19,80
ISBN 3–476–10046–4

Gerhart Hoffmeister
Deutsche und europäische Barockliteratur
SM 234. 1987. XIV, 208 Seiten, kart.,
DM 24,80/öS 182,–/sFr 24,80
ISBN 3–476–10234–3

Gerhart Hoffmeister gibt einen Überblick über den derzeitigen Stand der Barockforschung, soweit sie von einem komparatistischen Ansatz ausgehend die deutsche Barockliteratur als Teil der europäischen Barockbewegung versteht.

Ferdinand van Ingen
Philipp von Zesen
SM 96. 1971. VI, 103 Seiten, kart.,
DM 19,80/öS 145,–/sFr 19,80
ISBN 3–476–10096–0

Eberhard Mannack
Andreas Gryphius
SM 76. 2., vollständig neu bearbeitete Auflage. 1986. VIII, 139 Seiten, kart.,
DM 22,80/öS 167,–/sFr 22,80
ISBN 3–476–12076–7

Volker Meid
Barocklyrik
SM 227. 1986. VII, 158 Seiten, kart.,
DM 24,80/öS 182,–/sFr 24,80
ISBN 3–476–10227–0

Karl F. Otto
Die Sprachgesellschaften des 17. Jahrhunderts
SM 109. 1972. VII, 81 Seiten, kart.,
DM 19,80/öS 145,–/sFr 19,80
ISBN 3–476–10109–6

Aufklärung

Wolfgang Albrecht
Gotthold Ephraim Lessing
SM 297. 1997. IX, 178 Seiten, kart.,
DM 24,80/öS 182,–/sFr 24,80
ISBN 3–476–10297–1

»Zum ersten Mal in Deutschland verkörpert er den europäischen Typus des großen Schriftstellers. Er hat an die Menschheit und an ihr kommendes Mannesalter geglaubt – nenne es ›ruchlosen Optimismus‹ wer will und mag.« *Thomas Mann*

Wolfgang Bender
J. J. Bodmer und J. J. Breitinger
SM 113. 1973. XII, 120 Seiten, kart.,
DM 19,80/öS 145,–/sFr 19,80
ISBN 3–476–10113–4

Karl Seiten Guthke

Das deutsche bürgerliche Trauerspiel

SM 116. 5., überarbeitete und erweiterte Auflage. 1994. IX, 132 Seiten, kart., DM 24,80/öS 182,–/sFr 24,80

ISBN 3–476–15116–6

»Bürger sind hier das Gegentheil von Personen der heroischen Tragödie (Regenten großer Staaten, Kriegshelden der Vorzeit, Rittern des Mittelalters usw.) und begreifen vielerley Stände und Klassen von Menschen unter sich … Bey dem bürgerlichen Trauerspiel muß allemal Privat- oder Familieninteresse zum Grunde liegen.«

Christian Heinrich Schmid, 1798

Dieter Kimpel

Der Roman der Aufklärung (1670–1774)

SM 68. 2. Auflage. 1977. XVI, 160 Seiten, kart., DM 19,80/öS 145,–/sFr 19,80

ISBN 3–476–12068–6

Dietrich Naumann

Literaturtheorie und Geschichtsphilosophie

Teil I: Aufklärung, Romantik, Idealismus

SM 184. 1979. XIII, 147 Seiten, kart., DM 22,80/öS 167,–/sFr 22,80

ISBN 3–476–10184–3

Klaus Schaefer

Christoph Martin Wieland

SM 295. 1996. VIII, 186 Seiten, kart., DM 26,80/öS 196,–/sFr 26,80

ISBN 3–476–10295–5

»Natürlich war Wieland nervös, wie nur je ein Intellektueller, zappelig im Kaffeerausch – Alkohol trank er nie. Aber eben das zusammen mit einem blitzartig arbeitenden Gehirn (…) ergibt dann das Feuerpulver seiner Prosa, die nur dem oberflächlichen Leser weitschweifig erscheinen kann.« *Arno Schmidt*

Christoph Siegrist

Albrecht von Haller

SM 57. 1967. VI, 70 Seiten, kart., DM 19,80/öS 145,–/sFr 19,80

ISBN 3–476–10057–X

Jürgen Wilke

Literarische Zeitschriften des 18. Jahrhunderts (1688–1789)

Teil II: Repertorium

SM 175. 1978. VIII, 222 Seiten, kart., DM 24,80/öS 182,–/sFr 24,80

ISBN 3–476–10175–4

Klassik und Romantik

Konstanze Bäumer/Hartwig Schultz
Bettina von Arnim
SM 255. 1995. X, 204 Seiten, kart.,
DM 24,80/öS 182,–/sFr 24,80
ISBN 3–476–10255–6

Bettina von Arnim, die engagierte sozialkritische Autorin und Salonière des Vormärz, wurde von Christa Wolf in den sechziger Jahren wiederentdeckt. Seitdem hat sich ihr auch die Literaturwissenschaft zugewandt.

Paul Hocks/Peter Schmidt
Literarische und politische Zeitschriften 1789–1805
SM 121. 1975. VI, 141 Seiten, kart.,
DM 19,80/öS 145,–/sFr 19,80
ISBN 3–476–10121–5

Gerhart Hoffmeister
Deutsche und europäische Romantik
SM 170. 2., durchgesehene und erweiterte Auflage. 1990. X, 242 Seiten, kart.,
DM 24,80/öS 182,–/sFr 24,80
ISBN 3–476–12170–4

Eine Darstellung der deutschen Romantik im europäischen Kontext: historische Perspektive, Wechselbeziehungen, Wesenszüge, Tradition und Erbe.

Benedikt Jeßing
Johann Wolfgang Goethe
SM 288. 1995. XX, 260 Seiten, kart.,
DM 26,80/öS 196,–/sFr 26,80
ISBN 3–476–10288–2

»Besonders für Studierende und ›Goethe-Anfänger‹ äußerst brauchbare Handreichung.« *Germanistik*

Gerhard R. Kaiser
E.T.A. Hoffmann
SM 243. 1988. X, 214 Seiten, kart.,
DM 24,80/öS 182,–/sFr 24,80
ISBN 3–476–10243–2

Kaisers Monographie gibt eine ausführliche Darstellung von Hoffmanns literarischem Werk – unter biographischen, systematischen und rezeptionsgeschichtlichen Aspekten.

Helene M. Kastinger Riley
Clemens Brentano
SM 213. 1985. IX, 166 Seiten, kart.,
DM 24,80/öS 182,–/sFr 24,80
ISBN 3–476–10213–0

»... Eine wichtige und hilfreiche Einführung in das umfangreiche und z.T. verwirrende Gesamtwerk Brentanos.«
Recensio

Helmut Koopmann
Friedrich Schiller
Band II: 1794–1805
SM 51. 2. Auflage. 1977. VI, 120 Seiten, kart., DM 19,80/öS 145,–/sFr 19,80
ISBN 3–476–12051–1

Detlef Kremer
Prosa der Romantik
SM 298. 1997. VI, 221 Seiten, kart.,
DM 26,80/öS 196,–/sFr 26,80
ISBN 3–476–10298–X

Diese Einführung bietet einen literarhistorischen Überblick über eine der aufregendsten Epochen der deutschen Literatur, die am Beginn der europäischen Moderne steht.

Rolf Max Kully
Johann Peter Hebel
SM 80. 1969. VIII, 76 Seiten, kart.,
DM 19,80/öS 145,–/sFr 19,80
ISBN 3–476–10080–4

Ladislaus Löb
Christian Dietrich Grabbe
SM 294. 1996. IX, 170 Seiten, kart.,
DM 26,80/öS 196,–/sFr 26,80
ISBN 3–476–10294–7

»Das Buch ist nüchtern, klar und informativ geschrieben, zeigt das Bemühen um Objektivität und faßt in der gebotenen Kürze zusammen, was man heute über das Leben und das Werk dieses Dramatikers wissen kann.«
Westdeutscher Rundfunk

Dietrich Naumann
Literaturtheorie und Geschichtsphilosophie
Teil I: Aufklärung, Romantik, Idealismus
SM 184. 1979. XIII, 147 Seiten, kart.,
DM 22,80/öS 167,–/sFr 22,80
ISBN 3–476–10184–3

Roger Paulin
Ludwig Tieck
SM 185. 1987. VI, 133 Seiten, kart.,
DM 19,80/öS 145,–/sFr 19,80
ISBN 3–476–10185–1

Roger Paulin informiert über Tiecks Leben, über seine literaturgeschichtliche Herkunft und Entwicklung, über sein vielfältiges Werk als Schriftsteller, Übersetzer und Herausgeber, über Überlieferung, Ausgaben und die Sekundärliteratur.

Klaus Peter
Friedrich Schlegel
SM 171. 1978. VIII, 94 Seiten, kart.,
DM 19,80/öS 145,–/sFr 19,80
ISBN 3–476–10171–1

Inge Stephan
Literarischer Jakobinismus in Deutschland (1789–1806)
SM 150. 1976. VIII, 204 Seiten, kart.,
DM 24,80/öS 182,–/sFr 24,80
ISBN 3–476–10150–9

Stefan Wackwitz
Friedrich Hölderlin
SM 215. 2., überarbeitete und ergänzte Auflage. 1997. X, 203 Seiten, kart.,
DM 24,80/öS 182,–/sFr 24,80
ISBN 3–476–12215–8

Die Neuauflage dieser Einführung in Leben und Werk Hölderlins berücksichtigt die neueste Forschung, insbesondere zur späten Hymnik und geht auf die Editionsproblematik ein.

Thomas Wichmann
Heinrich von Kleist
SM 240. 1988. VI, 239 Seiten, kart.,
DM 24,80/öS 182,–/sFr 24,80
ISBN 3-476-10240-8

Thomas Wichmann zieht ein Resümee der bisherigen Kleistforschung und gibt eine neue Lesart von Kleists Leben und seinem schmalen, aber exemplarischen Werk.

Hans-Gerd Winter
Jakob Michael Reinhold Lenz
SM 233. 1987. 200 Seiten, kart.,
DM 24,80/öS 182,–/sFr 24,80
ISBN 3-476-10233-5

Lenz stand lange im Schatten Goethes. Hans-Gerd Winter revidiert dieses Bild, indem er die Fakten sammelt, einen Überblick über die Forschung und die Geschichte der Lenz-Manuskripte gibt, die Entwicklung von Leben und Werk sowie die produktive Lenz-Rezeption von Büchner bis Peter Schneider darstellt.

Vormärz und Realismus

Hugo Aust
Literatur des Realismus
SM 157. 2. Auflage.
1981. VIII, 130 Seiten, kart.,
DM 22,80/öS 167,–/sFr 22,80
ISBN 3-476-12157-7

Konstanze Bäumer/Hartwig Schultz
Bettina von Arnim
SM 255. 1995. X, 204 Seiten, kart.,
DM 24,80/öS 182,–/sFr 24,80
ISBN 3-476-10255-6

Heinz C. Christiansen
Fritz Reuter
SM 134. 1975. VIII, 77 Seiten, kart.,
DM 19,80/öS 145,–/sFr 19,80
ISBN 3-476-10134-7

Roy C. Cowen
Das deutsche Drama im 19. Jahrhundert
SM 247. 1988. VI, 236 Seiten, kart.,
DM 26,80/öS 196,–/sFr 26,80
ISBN 3-476-10247-5

Eine Einführung in die Dramengeschichte des 19. Jahrhunderts, unter sozialen, literaturgesellschaftlichen und ästhetischen Fragestellungen – vom Biedermeier bis zum Naturalismus.

Regina Fasold
Theodor Storm
SM 304. 1997. 232 Seiten, kart.,
DM 24,80/öS 182,–/sFr 23,–
ISBN 3-476-10304-6

Die Autorin erläutert die Poetik von Lyrik und früher Novellistik in engem Zusammenhang mit der Persönlichkeitsstruktur Storms.

Karl Fehr
Jeremias Gotthelf (Albert Bitzius)
SM 60. 2., durchgesehene und erweiterte Auflage. 1985. IX, 106 Seiten, kart.,
DM 19,80/öS 145,–/sFr 19,80
ISBN 3–476–12060–0

Karl Fehr
Conrad Ferdinand Meyer
SM 102. 2. Auflage.
1980. VIII, 130 Seiten, kart.,
DM 19,80/öS 145,–/sFr 19,80
ISBN 3–476–12102–X

Jürgen Hein
Die Dorfgeschichte
SM 145. 1976. IX, 151 Seiten, kart.,
DM 19,80/öS 145,–/sFr 19,80
ISBN 3–476–10145–2

Jürgen Hein
Johann Nestroy
SM 258. 1990. VIII, 144 Seiten, kart.,
DM 24,80/öS 182,–/sFr 24,80
ISBN 3–476–10258–0

Der Band zeichnet die Züge eines bedeutenden Zeitgenossen des 19. Jahrhunderts nach, dessen Leben als Sänger, Schauspieler, Stückeschreiber und Direktor im Theater aufging.

Hermann Helmers
Wilhelm Raabe
SM 71. 2. Auflage.
1978. VIII, 86 Seiten, kart.,
DM 19,80/öS 145,–/sFr 19,80
ISBN 3–476–12071–6

Charlotte Jolles
Theodor Fontane
SM 114. 4., überarbeitete und erweiterte Auflage. 1993. XIX, 187 Seiten, kart.,
DM 24,80/öS 182,–/sFr 24,80
ISBN 3–476–14114–4

»Was er sieht, ist bei allem, in jedem auch das andere, weshalb er abgelehnt wird, wo und wann fanatische Einseitigkeit der Macht antritt. Er war, in Skepsis wie in Festigkeit, der wahre Romancier, zu seinen Tagen der einzige seines Ranges.« *Heinrich Mann*

Gerhard P. Knapp
Georg Büchner
SM 159. 2., neubearbeitete Auflage.
1984. VIII, 177 Seiten, kart.,
DM 24,80/öS 182,–/sFr 24,80
ISBN 3–476–12159–3

Ladislaus Löb
Christian Dietrich Grabbe
SM 294. 1996. IX, 170 Seiten, kart.,
DM 26,80/öS 196,–/sFr 26,80
ISBN 3–476–10294–7

»(...) daß besagter Dietrich Grabbe einer der größten Dichter war und von allen unseren dramatischen Dichtern wohl als derjenige genannt werden darf, der die meiste Verwandtschaft mit Shakespeare hat.« *Heinrich Heine*

Martin Lowsky
Karl May
SM 231. 1987. XI, 151 Seiten, kart.,
DM 22,80/öS 167,–/sFr 22,80
ISBN 3–476–10231–9

»Karl May ist einer der besten deutschen Erzähler, und er wäre vielleicht der beste schlechthin, wäre er kein armer, verwirrter Prolet gewesen.« *Ernst Bloch*

Birgit Mayer
Eduard Mörike
SM 237. 1987. X, 113 Seiten, kart.,
DM 19,80/öS 145,–/sFr 19,80
ISBN 3–476–10237–8

Birgit Mayers Darstellung von Leben und Werk möchte zu einem eingehenderen, auch kritischen Umgang mit dem Menschen und Dichter Eduard Mörike anregen.

Ursula Naumann
Adalbert Stifter
SM 186. 1979. VIII, 148 Seiten, kart.,
DM 19,80/öS 145,–/sFr 19,80
ISBN 3–476–10186–X

Sibylle Obenaus
Literarische und politische Zeitschriften 1830–1848
SM 225. 1986. 104 Seiten, kart.,
DM 19,80/öS 145,–/sFr 19,80
ISBN 3–476–10225–4

Sibylle Obenaus
Literarische und politische Zeitschriften 1848–1880
SM 229. 1987. VII, 110 Seiten, kart.,
DM 22,80/öS 167,–/sFr 22,80
ISBN 3–476–10229–7

Die Bände stellen in bibliographisch-beschreibenden Einzelporträts Zeitschriften der Jahre 1830 bis 1880 vor. Sie informieren über publizistische Ziele, ökonomische Faktoren, Mitarbeiter, Publikum und zeitgenössische Aufnahme der einzelnen Blätter.

Walter Pape
Wilhelm Busch
SM 163. 1977. XII, 106 Seiten, kart.,
DM 19,80/öS 145,–/sFr 19,80
ISBN 3–476–10163–0

Jeffrey L. Sammons
Heinrich Heine
SM 261. 1991. X, 183 Seiten, kart.,
DM 24,80/öS 182,–/sFr 24,80
ISBN 3–476–10261–0

Ronald Schneider
Annette von Droste-Hülshoff
SM 153. 2., vollständig neu bearbeitete Auflage. 1995. IX, 187 Seiten, kart.,
DM 26,80/öS 196,–/sFr 26,80
ISBN 3–476–12153–4

Annette von Droste-Hülshoff fand mit der »Judenbuche«, ihrem einzigen Prosawerk, 1842 Eingang in die Weltliteratur. Ronald Schneider beleuchtet die Biographie dieser Frauenfigur der Biedermeierzeit und stellt ihr Gesamtwerk vor.

Naturalismus/Jugendstil/ Expressionismus

Ludwig Dietz
Franz Kafka
SM 138. 2., erweiterte und verbesserte Auflage. 1990. IX, 170 Seiten, kart., DM 24,80/öS 182,–/sFr 24,80
ISBN 3–476–12138–0

Sigfrid Hoefert
Das Drama des Naturalismus
SM 75. 4., überarbeitete und ergänzte Auflage. 1993. XIV, 130 Seiten, kart., DM 22,80/öS 167,–/sFr 22,80
ISBN 3–476–14075–X

Zwei Ereignisse prägten das Denken der Naturalisten vornehmlich: der unerhörte Fortschritt auf dem Gebiet der Naturwissenschaften und das Aufkommen des Sozialismus in Westeuropa.

Sigfrid Hoefert
Gerhart Hauptmann
SM 107. 2. Auflage. 1982. XIV, 136 Seiten, kart., DM 22,80/öS 167,–/sFr 22,80
ISBN 3–476–12107–0

Ernst Kretschmer
Christian Morgenstern
SM 221. 1985. VI, 145 Seiten, kart., DM 22,80/öS 167,–/sFr 22,80
ISBN 3–476–10221–1

Wilhelm Krull
Prosa des Expressionismus
SM 210. 1984. VI, 135 Seiten, kart., DM 19,80/öS 145,–/sFr 19,80
ISBN 3–476–10210–6

Dagmar Lorenz
Wiener Moderne
SM 290. 1995. VII, 204 Seiten, kart., DM 26,80/öS 196,–/sFr 26,80
ISBN 3–476–10290–4

»Durch die kenntnis- und beziehungsreiche Darstellung und eine ausführliche Auswahlbibliographie wird der Band zu einem nützlichen Arbeitsinstrument.«
Neue Zürcher Zeitung

Mathias Mayer
Hugo von Hofmannsthal
SM 273. 1993. VIII, 209 Seiten, kart., DM 24,80/öS 182,–/sFr 24,80
ISBN 3–476–10273–4

Diese textnahe Einführung in Leben und Werk Hugo von Hofmannsthals stützt sich auf die neue kritische Werkausgabe, deren Mitarbeiter Mathias Mayer ist.

Michaela L. Perlmann
Arthur Schnitzler
SM 239. 1987. VIII, 195 Seiten, kart., DM 24,80/öS 182,–/sFr 24,80
ISBN 3–476–10239–4

Hartmut Vinçon
Frank Wedekind
SM 230. 1987. VI, 248 Seiten, kart.,
DM 24,80/öS 182,–/sFr 24,80
ISBN 3–476–10230–0

»Es war die enorme Lebendigkeit dieses Menschen, die Energie, die ihn befähigte, von Gelächter und Hohn überschüttet, sein ehernes Hoheslied auf die Menschlichkeit zu schaffen, die ihm auch diesen persönlichen Zauber verlieh. Er schien nicht sterblich.« *Bertolt Brecht*

Weimarer Republik/ Faschismus/Exil

Frank Dietschreit
Lion Feuchtwanger
SM 245. 1988. XVIII, 190 Seiten, kart.,
DM 24,80/öS 182,–/sFr 24,80
ISBN 3–476–10245–9

In Dietschreits Monographie wird Feuchtwangers Werk rekonstruiert, problematisiert und nachvollziehbar gemacht für jeden, der zum Gesamtschaffen Feuchtwangers oder zu einzelnen Fragestellungen Anregungen und Hinweise sucht.

Ludwig Dietz
Franz Kafka
SM 138. 2., erweiterte und verbesserte Auflage. 1990. IX. 170 Seiten, kart.,
DM 24,80/öS 182,–/sFr 24,80
ISBN 3–476–12138–0

Walter Fähnders
Proletarisch-revolutionäre Literatur der Weimarer Republik
SM 158. 1977. VIII, 110 Seiten, kart.,
DM 19,80/öS 145,–/sFr 19,80
ISBN 3–476–10158–4

Volkmar Hansen
Thomas Mann
SM 211. 1984. VIII, 163 Seiten, kart.,
DM 22,80/öS 167,–/sFr 22,80
ISBN 3–476–10211–4

Jürgen Haupt
Heinrich Mann
SM 189. 1980. X, 224 Seiten, kart.,
DM 24,80/öS 182,–/sFr 24,80
ISBN 3–476–10189–4

Angela Huß-Michel
Literarische und politische Zeitschriften des Exils 1933–1945
SM 238. 1987. VIII, 225 Seiten, kart.,
DM 24,80/öS 182,–/sFr 24,80
ISBN 3–476–10238–6

Angela Huß-Michel stellt 60 Zeitschriften des literarisch-politischen Exils in bibliographisch-beschreibenden Einzelporträts vor.

Uwe K. Ketelsen
Völkisch-nationale und nationalsozialistische Literatur in Deutschland 1890–1945
SM 142. 1976. X, 118 Seiten, kart.,
DM 19,80/öS 145,–/sFr 19,80
ISBN 3–476–10142–8

Matthias Luserke
Robert Musil
SM 289. 1995. VII, 144 Seiten, kart.,
DM 24,80/öS 182,–/sFr 24,80
ISBN 3–476–10289–0

»Für gewundene Wege fühlte er Verachtung und Haß. Er war aber keineswegs auf ›Einfaches‹ aus, für die Unzulänglichkeit des Einfachen hatte er einen untrüglichen Instinkt und war fähig, es durch ein ausführliches Porträt zu vernichten. Sein Geist war zu reich ausgestattet, zu aktiv und akut, um an Einfachem Genüge zu finden.«
Elias Canetti

Mathias Prangel
Alfred Döblin
SM 105. 2., neubearbeitete Auflage. 1987. VIII, 131 Seiten, kart.,
DM 22,80/öS 167,–/sFr 22,80
ISBN 3–476–12105–4

Literatur nach 1945

Dagmar Barnouw
Elias Canetti
SM 180. 1979. XII, 152 Seiten, kart.,
DM 19,80/öS 145,–/sFr 19,80
ISBN 3–476–10180–0

Brian Barton
Das Dokumentartheater
SM 232. 1987. VI, 148 Seiten, kart.,
DM 22,80/öS 167,–/sFr 22,80
ISBN 3–476–10232–7

Ein materialreicher Abriß der Geschichte des Dokumentartheaters von der Weimarer Republik bis zur Gegenwart. Die ästhetische Problematik des Dokumentarismus zwischen Fiktion und Faktographie wird am Beispiel der drei repräsentativen Dokumentar-Autoren Hochhuth, Kipphardt und Peter Weiss dargestellt.

Kurt Bartsch
Ingeborg Bachmann
SM 242. 2., überarbeitete und erweiterte Auflage. 1997. VIII, 209 Seiten, kart.,
DM 24,80/öS 182,–/sFr 23,–
ISBN 3–476–12242–5

Bartschs einfühlsam geschriebene Darstellung gibt einen Zugang zum lyrischen, erzählerischen und essayistischen Werk dieser Klassikerin der jüngsten Moderne.

Frank Dietschreit/
Barbara Heinze-Dietschreit
Hans Magnus Enzensberger
SM 223. 1986. VIII, 174 Seiten, kart.,
DM 24,80/öS 182,–/sFr 24,80
ISBN 3–476–10223–8

Gerald A. Fetz
Martin Walser
SM 299. 1997. VIII, 221 Seiten, kart.,
DM 24,80/öS 182,–/sFr 23,–
ISBN 3–476–10299–8

Martin Walser gilt als einer der bedeutendsten und umstrittensten deutschsprachigen Schriftsteller der Gegenwart. Seine zahlreichen Werke bis hin zu »Finks Krieg« geben Auskunft über die politischen, kulturellen und gesellschaftlichen Ereignisse und Entwicklungen der Bundesrepublik.

Sonja Hilzinger
Christa Wolf
SM 224. 1986. VIII, 196 Seiten, kart.,
DM 24,80/öS 182,–/sFr 24,80
ISBN 3–476–10224–6

»Sonja Hilzinger versteht es, psychologische, gesellschaftliche und ästhetische Dimensionen des Werkes plausibel und vor allem lesbar und verstehbar zu verknüpfen.« *Neue Zürcher Zeitung*

Marlies Janz
Elfriede Jelinek
SM 286. 1995. XI, 182 Seiten, kart.,
DM 26,80/öS 196,–/sFr 26,80
ISBN 3–476–10286–6

Janet K. King
Literarische Zeitschriften 1945–1970
SM 129. 1974. VIII, 105 Seiten, kart.,
DM 19,80/öS 145,–/sFr 19,80
ISBN 3–476–10129–0

Gerhard P. Knapp
Friedrich Dürrenmatt
SM 196. 2., überarbeitete und erweiterte Auflage. 1993. X, 224 Seiten, kart.,
DM 26,80/öS 196,–/sFr 26,80
ISBN 3–476–12196–8

Gerhard P. Knapp behandelt das gesamte, nunmehr abgeschlossene Werk Dürrenmatts. Ein besonderes Augenmerk richtet er dabei auf Fragen der Publikumswirkung und der Rezeption. Seine Darstellung der Werkgenese berücksichtigt auch die Intertextualität des schriftstellerischen und des bildnerischen Œuvres.

Hermann Korte
Geschichte der deutschen Lyrik seit 1945
SM 250. 1989. X, 247 Seiten, kart.,
DM 26,80/öS 196,–/sFr 26,80
ISBN 3–476–10250–5

Ein Abriß über die Geschichte der deutschen Lyrik, der von 1945 bis in die Mitte der 80er Jahre reicht. Die Darstellung entfaltet die Konturen des historischen Prozesses und diskutiert die wichtigen Autoren sowie deren Werk.

Martin H. Ludwig
Arbeiterliteratur in Deutschland
SM 149. 1976. VII, 138 Seiten, kart.,
DM 19,80/öS 145,–/sFr 19,80
ISBN 3–476 –10149–5

Manfred Mittermayer
Thomas Bernhard
SM 291. 1995. IX, 220 Seiten, kart.,
DM 26,80/öS 196,–/sFr 26,80
ISBN 3–476–10291–2

Manfred Mittermayer zeichnet ein zusammenhängendes Bild von Thomas Bernhards thematisch auffällig homogenem Werk und macht dessen Kontinuität ebenso deutlich wie die Entwicklung in der Werkgeschichte.

Volker Neuhaus
Günter Grass
SM 179. 2., überarbeitete und erweiterte Auflage. 1993. 252 Seiten, kart.,
DM 26,80/öS 196,–/sFr 26,80
ISBN 3–476–12179–8

»Die bisher zuverlässigste und gründlichste Einführung und zugleich mehr als das: ein für die Deutung des Gesamtwerks und seine Forschungsgeschichte unentbehrlicher Orientierungskompaß.«
Manfred Durzak

Joachim Paech
Literatur und Film
SM 235. 2., überarbeitete Auflage. 1997. X, 224 Seiten, 112 Abb., kart.,
DM 24,80/öS 182,–/sFr 23,–
ISBN 3–476–12235–2

Jürgen H. Petersen
Max Frisch
SM 173. 2., erweiterte und verbesserte Auflage. 1989. XI, 234 Seiten, kart.,
DM 24,80/öS 182,–/sFr 24,80
ISBN 3–476–12173–9

»Ich schreibe nicht, um zu lehren, sondern um meine Verfassung auszukundschaften durch Darstellung.«
Max Frisch

Rolf Günter Renner
Peter Handke
SM 218. 1985. IX, 204 Seiten, kart.,
DM 24,80/öS 182,–/sFr 24,80
ISBN 3–476–10218–1

Andreas Schrade
Anna Seghers
SM 275. 1993. X, 169 Seiten, kart.,
DM 22,80/öS 167,–/sFr 22,80
ISBN 3–476–10275–0

Andreas Schrade stellt das Werk von Anna Seghers, eine der bekanntesten Schriftstellerinnen des 20. Jahrhunderts, in den Kontext der zeitgenössischen Debatten und arbeitet in seinen Interpretationen vor allem die utopischen Momente der Romane und Erzählungen heraus.

Genia Schulz
Heiner Müller
SM 197. 1980. VII, 203 Seiten, kart.,
DM 24,80/öS 182,–/sFr 24,80
ISBN 3–476–10197–5

Hannes Schwenger
Literaturproduktion
Zwischen Selbstverwirklichung
und Vergesellschaftung
SM 183. 1979. XII, 132 Seiten, kart.,
DM 19,80/öS 145,–/sFr 19,80
ISBN 3–476–10183–5

Christian Siegel
Die Reportage
SM 164. 1978. VIII, 146 Seiten, kart.,
DM 19,80/öS 145,–/sFr 19,80
ISBN 3–476–10164–9

Bernhard Sowinski
Heinrich Böll
SM 272. 1993. VII, 225 Seiten, kart.,
DM 24,80/öS 182,–/sFr 24,80
ISBN 3–476–10272–6

Sibylle Späth
Rolf Dieter Brinkmann
SM 254. 1989. VI, 135 Seiten, kart.,
DM 24,80/öS 182,–/sFr 24,80
ISBN 3–476–10254–8

»Ich finde, das einzige Genie in dieser Literatur hier war der Brinkmann. Was er geschrieben hat, ist wirklich ein Dokument dieses Landes.« *Heiner Müller*

Volker Wehdeking
Alfred Andersch
SM 207. 1983. XIV, 185 Seiten, kart.,
DM 24,80/öS 182,–/sFr 24,80
ISBN 3–476–10207–6

»Der Realienband bietet klar und in kluger Anordnung eine souveräne Gesamtwürdigung des Andersch-Œuvres, dessen aufklärerische Tendenz und engagierte Humanität immer wieder betont werden.« *Wiss. Literaturanzeiger*

Stefan Bodo Würffel
Das deutsche Hörspiel
SM 172. 1978. VIII, 230 Seiten, kart.,
DM 24,80/öS 182,–/sFr 24,80
ISBN 3–476–10172–X

Poetik/Gattungen

Hugo Aust
Der historische Roman
SM 278. 1994. VII, 176 Seiten, kart.,
DM 26,80/öS 196,–/sFr 26,80
ISBN 3–476–10278–5

Diese Einführung bietet eine erzähltheoretische Analyse der Besonderheiten des historischen Romans und stellt die verschiedenen Ausprägungen der Gattung vor – insbesondere des 19. und 20. Jahrhunderts.

Hugo Aust
Novelle
SM 256. 2., überarbeitete und ergänzte Auflage. 1995. 196 Seiten, kart., DM 26,80/öS 196,–/sFr 26,80
ISBN 3-476-12256-5

Aust gibt Auskunft über Umfang, Eigenart und Vielfalt der deutschen Novellenliteratur. Dabei wird sichtbar, daß die Novelle im 19. Jahrhundert nicht unbedingt jenes einheitliche Formgebilde ist, als das man es theoriebeseelt hingestellt hat; auch im 20. Jahrhundert breitet sich eine Novellentradition selbständig, vielgestaltig und aktuell aus.

Brian Barton
Das Dokumentartheater
SM 232. 1987. VI, 148 Seiten, kart., DM 22,80/öS 167,–/sFr 22,80
ISBN 3-476-10232-7

Matthias Bauer
Romantheorie
SM 305. 1997. Ca. 250 Seiten, kart., ca. DM 24,80/öS 182,–/sFr 23,–
ISBN 3-476-10305-6

Diese Einführung verfolgt die Entwicklung der Romantheorie in einem chronologischen Überblick und erläutert in einem systematischen Teil die Grundbegriffe der verschiedenen theoretischen Ansätze wie z.B. Mimesis, Chronotopos, Dialogizität, Metaphorologie etc.

Matthias Bauer
Der Schelmenroman
SM 282. 1994. VII, 223 Seiten, kart., DM 26,80/öS 196,–/sFr 26,80
ISBN 3-476-10282-3

Die Geschichte des Schelmenromans erstreckt sich von seiner Entstehung im Spanien des 16. Jahrhunderts über die simplizianischen Romane im Gefolge von Grimmelshausens Schriften bis ins 19. und 20. Jahrhundert.

Wolfgang Biesterfeld
Die literarische Utopie
SM 127. 2. Auflage. 1982. XIV. 125 Seiten, kart., DM 24,80/öS 182,–/sFr 24,80
ISBN 3-476-12127-5

Peter Boerner
Tagebuch
SM 85. 1969. VI, 90 Seiten, kart., DM 19,80/öS 145,–/sFr 19,80
ISBN 3-476-10085-5

Renate Boeschenstein-Schäfer
Idylle
SM 63. 2. Auflage. 1978. XII, 181 Seiten, kart., DM 22,80/öS 167,–/sFr 22,80
ISBN 3-476-12063-5

Roy C. Cowen
Das deutsche Drama im 19. Jahrhundert
SM 247. 1988. VI, 236 Seiten, kart., DM 26,80/öS 196,–/sFr 26,80
ISBN 3-476-10247-5

Harald Fricke
Aphorismus
SM 208. 1984. X, 168 Seiten, kart.,
DM 22,80/öS 167,–/sFr 22,80
ISBN 3–476–10208–4

Heinz Grothe
Anekdote
SM 101. 2. Auflage.
1984. VI, 172 Seiten, kart.,
DM 22,80/öS 167,–/sFr 22,80
ISBN 3–476–12101–1

Karl Seiten Guthke
Das deutsche bürgerliche Trauerspiel
SM 116. 5., überarbeitete und erweiterte Auflage. 1994. IX, 132 Seiten, kart.,
DM 24,80/öS 182,–/sFr 24,80
ISBN 3–476–15116–6

Mathilde Hain
Rätsel
SM 53. 1966. VI, 62 Seiten, kart.,
DM 19,80/öS 145,–/sFr 19,80
ISBN 3–476–10053–7

Edward R. Haymes
Das mündliche Epos
Eine Einführung in die »Oral-Poetry«-Forschung
SM 151. 1977. VIII, 52 Seiten, kart.,
DM 19,80/öS 145,–/sFr 19,80
ISBN 3–476–10151–7

Horst Heidtmann
Kindermedien
SM 270. 1992. XI, 199 Seiten, kart.,
DM 24,80/öS 182,–/sFr 24,80
ISBN 3–476–10270–X

Horst Heidtmanns Einführung behandelt traditionelle Kindermedien wie Spielzeug, Theater, Film, Funk und Comics ebenso wie die neuesten Computer- und Videospiele. Er macht Entwicklungstendenzen nachvollziehbar und faßt die neueste Forschung zu Nutzung und Wirkung zusammen.

Jürgen Hein
Die Dorfgeschichte
SM 145. 1976. IX, 151 Seiten, kart.,
DM 19,80/öS 145,–/sFr 19,80
ISBN 3–476–10145–2

Peter Hess
Epigramm
SM 248. 1989. VIII, 178 Seiten, kart.,
DM 24,80/öS 182,–/sFr 24,80
ISBN 3–476–10248–3

Eine Gattungsgeschichte des Epigramms von der griechischen Antike über die neulateinischen Theoretiker bis zur Gegenwart. Im Mittelpunkt stehen die deutschen Epigrammatiker des Barock und der Aufklärung, Goethe und Schiller sowie das Weiterleben der Tradition im 19. und 20. Jahrhundert.

Hans-Albrecht Koch
Das deutsche Singspiel
SM 133. 1974. VII, 108 Seiten, kart.,
DM 19,80/öS 145,–/sFr 19,80
ISBN 3–476–10133-9

Gerhard Köpf
Märendichtung
SM 166. 1978. VIII, 112 Seiten, kart.,
DM 19,80/öS 145,–/sFr 19,80
ISBN 3–476–10166–5

Erwin Leibfried
Fabel
SM 66. 4. Auflage.
1982. IX, 112 Seiten, kart.,
DM 19,80/öS 145,–/sFr 19,80
ISBN 3–476–14066–0

Martin H. Ludwig
Arbeiterliteratur in Deutschland
SM 149. 1976. VII, 138 Seiten, kart.,
DM 19,80/öS 145,–/sFr 19,80
ISBN 3–476–10149–5

Max Lüthi
Märchen
SM 16. 9., durchgesehene und ergänzte Auflage, bearbeitet von Heinz Rölleke.
1996. XIII, 136 Seiten, kart.,
DM 22,80/öS 167,–/sFr 22,80
ISBN 3–476–19016–1

Das für die vorliegende Neuauflage von Heinz Rölleke ergänzte und überarbeitete Kompendium Max Lüthis gehört zu den Standardwerken der internationalen Märchenforschung.

Dennis F. Mahoney
Der Roman der Goethezeit (1774–1829)
SM 241. 1988. XII, 169 Seiten, kart.,
DM 24,80/öS 182,–/sFr 24,80
ISBN 3–476–10241–6

Leonie Marx
Die deutsche Kurzgeschichte
SM 216. 2., überarbeitete und erweiterte Auflage. 1997. VII, 205 Seiten, kart.,
DM 24,80/öS 182,–/sFr 23,–
ISBN 3–476–12216–6

Leonie Marx unterrichtet über alle wesentlichen Aspekte der Kurzgeschichte: Wortgeschichte und Begriffsentwicklung, Theorie und Definition sowie über das Verhältnis zu anderen Prosagattungen. Im Mittelpunkt steht die historische Entwicklung der deutschen Kurzgeschichte, die anhand ihrer Autoren und paradigmatischer Texte von der Jahrhundertwende bis zur Gegenwart verfolgt wird. Ein abschließendes Kapitel gilt der Didaktik der Kurzgeschichte.

Mathias Mayer/Jens Tismar
Kunstmärchen
SM 155. 3., völlig neu bearbeitete Auflage. 1997. IX, 161 Seiten, kart.,
DM 22,80/öS 167,–/sFr 22,80
ISBN 3–476–13155–6

»Das Märchen ist gleichsam der Kanon der Poesie – alles poetische muß märchenhaft sein.« *Novalis*

Reinhard M. G. Nickisch
Brief
SM 260. 1991. XII 259 Seiten, kart.,
DM 26,80/öS 196,–/sFr 26,80
ISBN 3–476–10260–2

Peter Nusser
Der Kriminalroman
SM 191. 2., überarbeitete und erweiterte Auflage. 1992. X, 187 Seiten, kart., DM 24,80/öS 182,–/sFr 24,80
ISBN 3–476–12191–7

Der Autor hat seine Einführung in Geschichte und Strukturen des Kriminalromans und der Detektivgeschichte anläßlich der 2. Auflage überarbeitet und auch die allerjüngste Forschungsliteratur in die Bibliographie aufgenommen.

Peter Nusser
Trivialliteratur
SM 262. 1991. VI, 163 Seiten, kart., DM 24,80/öS 182,–/sFr 24,80
ISBN 3–476–10262–9

Ein Überblick über die Geschichte und Theorie der Trivialliteratur. Der Band bietet eine umfassende, alle Aspekte der Forschung berücksichtigende Orientierung.

Lutz Röhrich/Wolfgang Mieder
Sprichwort
SM 154. 1977. XII, 138 Seiten, kart., DM 19,80/öS 145,–/sFr 19,80
ISBN 3–476–10154–1

Hellmut Rosenfeld
Legende
SM 9. 4., verbesserte und vermehrte Auflage. 1982. VI, 103 Seiten, kart., DM 19,80/öS 145,–/sFr 19,80
ISBN 3–476–14009–1

Fritz Schlawe
Neudeutsche Metrik
SM 112. 1972. VIII, 108 Seiten, kart., DM 19,80/öS 145,–/sFr 19,80
ISBN 3–476–10112–6

Hans Jürgen Schlütter/
Raimund Borgmeier/
Heinz Willi Wittschier
Sonett
SM 177. 1979. VI, 160 Seiten, kart., DM 22,80/öS 167,–/sFr 22,80
ISBN 3–476–10177–0

Thomas Schmitz
Das Volksstück
SM 257. 1990. VII, 89 Seiten, kart., DM 22,80/öS 167,–/sFr 22,80
ISBN 3–476–10257–2

Hans-Joachim Schulz
Science Fiction
SM 226. 1986. VI, 166 Seiten, kart., DM 24,80/öS 182,–/sFr 24,80
ISBN 3–476–10226–2

Günther Schweikle
Minnesang
SM 244. 2., korrigierte Auflage. 1995. XVI, 243 Seiten, kart., DM 24,80/öS 182,–/sFr 24,80
ISBN 3–476–12244–1

Rolf Selbmann
Der deutsche Bildungsroman
SM 214. 2., überarbeitete und erweiterte Auflage. 1994. X, 191 Seiten, kart., DM 24,80/öS 182,–/sFr 24,80
ISBN 3–476–12214–X

Ausgehend von einer historisch-philosophischen Bestimmung des Bildungsbegriffs nennt Rolf Selbmann die wichtigsten Merkmale der nur schwer zu definierenden Gattung des Bildungsromans. Er beschreibt die Geschichte sowie die wichtigsten Vertreter vom 18. bis zum 20. Jahrhundert.

Christian Siegel
Die Reportage
SM 164. 1978. VIII, 146 Seiten, kart., DM 19,80/öS 145,–/sFr 19,80
ISBN 3–476–10164–9

Erich Straßner
Schwank
SM 77. 2., überarbeitete Auflage. 1978. XIV, 124 Seiten, kart., DM 19,80/öS 145,–/sFr 19,80
ISBN 3–476–12077–5

Wolfgang Suppan
Volkslied
Seine Sammlung und Erforschung
SM 52. 2. Auflage. 1978. XII, 66 Seiten, kart., DM 19,80/öS 145,–/sFr 19,80
ISBN 3–476–12052-X

Helmut Tervooren
Sangspruchdichtung
SM 293. 1995. IX, 148 Seiten, kart., DM 26,80/öS 196,–/sFr 26,80
ISBN 3–476–10293–9

Gottfried Weißert
Ballade
SM 192. 2., überarbeitete Auflage. 1993. VIII, 139 Seiten, kart., DM 24,80/öS 182,–/sFr 24,80
ISBN 3–476–12192–5

Gottfried Weißert führt in die Theorie der Ballade ein; er gibt einen historischen Abriß und stellt einzelne Arten der Ballade vor.

Stefan Bodo Würffel
Das deutsche Hörspiel
SM 172. 1978. VIII, 230 Seiten, kart., DM 24,80/öS 182,–/sFr 24,80
ISBN 3–476–10172–X

Einführungen

Friedmar Apel
Literarische Übersetzung
SM 206. 1983. VIII, 103 Seiten, kart., DM 19,80/öS 145,–/sFr 19,80
ISBN 3–476–10206–8

Bernhard Asmuth
Einführung in die Dramenanalyse
SM 188. 5., aktualisierte Auflage. 1997. VIII, 226 Seiten, kart., ca. DM 22,80/öS 167,–/sFr 21,–
ISBN 3–476–15188–3

Alle Aspekte und Elemente des Dramas, von seiner literarischen Form bis zur Bühnenaufführung – am Beispiel von Lessings »Emilia Galotti«, anschaulich und informativ, mit Graphiken, Zitaten und Textproben.

Georg Bangen
Die schriftliche Form germanistischer Arbeiten
Empfehlungen für die Anlage und die äußere Gestaltung wissenschaftlicher Manuskripte unter besonderer Berücksichtigung der Titelangaben von Schrifttum. Mit einem Geleitwort von Hans-Egon Hass.
SM 13. 9., durchgesehene Auflage. 1990. XIV, 94 Seiten, kart., DM 19,80/öS 145,–/sFr 19,80
ISBN 3–476–19013–7

Matthias Bauer
Romantheorie
SM 305. 1997. Ca. 250 Seiten, kart., ca. DM 24,80/öS 182,–/sFr 23,–
ISBN 3–476–10305–6

Diese Einführung verfolgt die Entwicklung der Romantheorie in einem chronologischen Überblick und erläutert in einem systematischen Teil die Grundbegriffe der verschiedenen theoretischen Ansätze wie z.B. Mimesis, Chronotopos, Dialogizität, Metaphorologie etc.

Alfred Behrmann
Einführung in die Analyse von Prosatexten
SM 59. 5., neu bearbeitete und erweiterte Auflage. 1982. X, 161 Seiten, kart., DM 22,80/öS 167,–/sFr 22,80
ISBN 3–476–15059–3

Dieter Burdorf
Einführung in die Gedichtanalyse
SM 284. 2., überarbeitete und aktualisierte Auflage. 1997. X, 276 Seiten, kart., DM 26,80/öS 196,–/sFr 25,–
ISBN 3–476–12284–0

»Die Einführung zeichnet sich vor allem dadurch aus, daß es ihrem Autor gelungen ist, die Balance zu halten zwischen Allgemeinverständlichkeit und wissenschaftlichem Anspruch. Selbst komplexe Zusammenhänge werden präzise dargestellt.« *Neue Zürcher Zeitung*

Terry Eagleton
Einführung in die Literaturtheorie
Aus dem Englischen von Elfi Bettinger und Elke Hentschel
SM 246. 4., erweiterte und aktualisierte Auflage. 1997. VIII, 259 Seiten, kart., DM 24,80/öS 182,–/sFr 23,–
ISBN 3–476–14246–9

Terry Eagleton führt mit kritischer Souveränität in die wichtigsten literaturtheoretischen Positionen des 20. Jahrhunderts ein: Phänomenologie, Hermeneutik, New Criticism, Rezeptionstheorie, Strukturalismus, Semiotik, Poststrukturalismus, psychoanalytische Verfahrensweisen und politische Kritik.

Hartmut Eggert/Christine Garbe
Literarische Sozialisation
SM 287. 1995. VIII, 214 Seiten, kart.,
DM 26,80/öS 196,–/sFr 26,80
ISBN 3–476–10287–4

»Die Einführung bietet spannende Einblicke für Leseratten, die ein bisschen in der eigenen Lesebiographie stöbern wollen. Anregungen bekommen aber auch Lehrer, die über einen zeitgemässen Literaturunterricht nachdenken.«
Die Weltwoche, Zürich

Knut Hickethier
Film- und Fernsehanalyse
SM 277. 2., überarbeitete Auflage.
1996. VII, 228 Seiten, kart.,
DM 26,80/öS 196,–/sFr 26,80
ISBN 3–476–12277–8

Film, Fernsehen und Video nehmen im Alltag, in Schule und Universität einen immer größeren Raum ein. Knut Hickethiers Einführung ermöglicht einen Einstieg in die wichtigsten Problemfelder dieser Medien und bietet Kategorien der Beschreibung und Analyse filmischer Erzähl- und Darstellungsstrategien.

Manfred Kammer
Bit um Bit
Wissenschaftliche Arbeiten mit dem PC
SM 300. Limitierte Auflage.
1997. VI, 146 Seiten, kart.,
DM 9,80/öS 72,–/sFr 9,–
ISBN 3–476–10300–5

Dieser Band gibt Studierenden Hilfestellung bei der schriftlichen Form von Referaten und Hausarbeiten, erklärt aber auch die Erstellung einer reproduktionsfähigen Vorlage für eine Publikation.

Lena Lindhoff
Einführung in die feministische Literaturtheorie
SM 285. 1995. XIV, 192 Seiten, kart.,
DM 24,80/öS 182,–/sFr 24,80
ISBN 3–476–10285–8

Ein kritischer Überblick über die Entwicklung der feministischen Literaturtheorie, der die divergierenden Richtungen im Zusammenhang darstellt: die ideologiekritische Auseinandersetzung, die Frauenliteraturgeschichte und die unterschiedlichen poststrukturalistischen Lektüren.

Peter Nusser
Trivialliteratur
SM 262. 1991. VI, 163 Seiten, kart.,
DM 24,80/öS 182,–/sFr 24,80
ISBN 3–476–10262–9

Joachim Paech
Literatur und Film
SM 235. 2., überarbeitete Auflage.
1997. X, 224 Seiten, 112 Abb., kart.,
DM 24,80/öS 182,–/sFr 23,–
ISBN 3–476–12235–2

Durch die Literatur hat der Film das Erzählen gelernt. Im Kino wurde der Film zum Inbegriff der Moderne für zeitgenössische Literatur. Der Band setzt sich mit der Geschichte der wechselseitigen Beeinflussung von Literatur und Film auseinander, die vom Autor an einer Reihe von literarischen Beispielen belegt wird.

Paul Raabe
Einführung in die Bücherkunde zur deutschen Literaturwissenschaft
SM 1. 11., völlig neu bearbeitete Auflage. 1994. VIII, 148 Seiten und 14 Tabellen im Anhang, kart.,
DM 19,80/öS 145,–/sFr 19,80
ISBN 3-476-11001-X

Paul Raabes »Bücherkunde« will mit den wichtigsten bibliographischen Hilfsmitteln der deutschen Literaturwissenschaft bekannt machen und sie benutzen lehren. Die Einführung ist für die Praxis bestimmt. Sie informiert knapp und klar über Technik, Titel, Fakten und Fundorte der Literaturermittlung.

Paul Raabe/Georg Ruppelt
Quellenrepertorium zur neueren deutschen Literaturgeschichte
SM 74. 3., vollständig neu bearbeitete Auflage. 1981. X, 194 Seiten, kart.,
DM 24,80/öS 182,–/sFr 24,80
ISBN 3-476-13074-6

Walter Schönau
Einführung in die psychoanalytische Literaturwissenschaft
SM 259. 1990. X, 238 Seiten, kart.,
DM 26,80/öS 196,–/sFr 26,80
ISBN 3-476-10259-9

Der vorliegende Band weist die Bedeutung der Psychoanalyse für die Grundfragen der Literaturforschung nach und führt den Leser in die Möglichkeiten und die Probleme der psychoanalytischen Textbetrachtung in ihrem heutigen Forschungsstand ein.

Jürgen Schutte
Einführung in die Literaturinterpretation
SM 217. 4., aktualisierte Auflage. 1997. VIII, 232 Seiten, kart.,
DM 24,80/öS 182,–/sFr 23,–
ISBN 3-476-14217-5

Bernhard Sowinski
Stilistik
Stiltheorien und Stilanalysen
SM 263. 1991. XII, 247 Seiten, kart.,
DM 26,80/öS 196,–/sFr 26,80
ISBN 3-476-10263-7

Das komplexe Gebiet der sprach- und literaturwissenschaftlichen Stilistik mit ihren Theorien und Analysemöglichkeiten wird von Sowinski in klarer Übersicht mit neuen Konturierungen dargeboten.

Ingeborg Weber-Kellermann/ Andreas C. Bimmer
Einführung in die Volkskunde/ Europäische Ethnologie
Eine Wissenschaftsgeschichte
SM 79. 2., erweiterte und ergänzte Auflage. 1985. XII, 164 Seiten, kart.,
DM 24,80/öS 182,–/sFr 24,80
ISBN 3-476-12079-1

Peter V. Zima
Textsoziologie
Eine kritische Einführung
SM 190. 1980. VI, 192 Seiten, kart.,
DM 24,80/öS 182,–/sFr 24,80
ISBN 3-476-10190-8

Sprachwissenschaft

Friedmar Apel
Literarische Übersetzung
SM 206. 1983. VIII, 102 Seiten, kart.,
DM 19,80/öS 145,–/sFr 19,80
ISBN 3–476–10206–8

Helmut Glück/Wolfgang Werner Sauer
Gegenwartsdeutsch
SM 252. 2., überarbeitete und erweiterte Auflage. 1997. XV, 199 Seiten mit 9 Abb., kart., DM 26,80/öS 196,–/sFr 25,–
ISBN 3–476–12252–2

Der Band gibt einen anschaulichen, mit zahlreichen Wort- und Bildbeispielen versehenen Überblick über aktuelle Entwicklungen der deutschen Sprache, wie sie heute gesprochen wird. Diese 2. Auflage berücksichtigt die Sprachentwicklung nach dem Ende der DDR und die aktuelle Orthographiereform.

Georg Heike
Phonologie
SM 104. 2., durchgesehene Auflage. 1982. VI, 78 Seiten, kart.,
DM 19,80/öS 145,–/sFr 19,80
ISBN 3–476–12104–6

Peter Rolf Lutzeier
Linguistische Semantik
SM 219. 1985. X, 193 Seiten, kart.,
DM 24,80/öS 182,–/sFr 24,80
ISBN 3–476–10219–X

Peter Rolf Lutzeier bietet eine sorgfältige und leserfreundliche Einführung in die Grundlagen der linguistischen Semantik und diskutiert deren Begriffe und Methoden.

Clemens Ottmers
Rhetorik
SM 283. 1996. VII, 253 Seiten, kart.,
DM 26,80/öS 196,–/sFr 26,80
ISBN 3–476–10283–1

Seit etwa dreißig Jahren erlebt die Rhetorik in Deutschland eine Renaissance, nachdem sie im 19. Jahrhundert aus dem Bildungskanon praktisch verschwunden war. Dieser Einführungsband stellt Theorie und System der Rhetorik dar, präsentiert rhetorische Gattungen, Argumentations- und Stiltheorie und zeigt ihre historischen Wandlungen auf.

Oskar Reichmann
Germanistische Lexikologie
SM 82. 2. Auflage.
1976. VIII, 114 Seiten, kart.,
DM 19,80/öS 145,–/sFr 19,80
ISBN 3–476–12082–1

Dietmar Rösler
Deutsch als Fremdsprache
SM 280. 1994. VII, 207 Seiten, kart.,
DM 24,80/öS 182,–/sFr 24,80
ISBN 3–476–10280–7

Der Autor führt in die Vielfalt des Deutschlernens ein, zeigt, wie sie sich auf Lernverhalten, Methodik, Lehrmaterial- und Unterrichtsgestaltung auswirkt, und wie sie von der Sprachlehr- und -lernforschung und der Zweitspracherwerbsforschung wissenschaftlich analysiert wird.

Bernhard Sowinski
Stilistik
Stiltheorien und Stilanalysen
SM 263. 1991. XII, 247 Seiten, kart.,
DM 26,80/öS 196,–/sFr 26,80
ISBN 3–476–10263–7

Das komplexe Gebiet der sprach- und literaturwissenschaftlichen Stilistik mit ihren Theorien und Analysemöglichkeiten wird von Sowinski in klarer Übersicht mit neuen Konturierungen dargeboten.

Romanistik

Brigitta Coenen-Mennemeier
Nouveau Roman
SM 296. 1996. VIII, 203 Seiten, kart.,
DM 26,80/öS 196,–/sFr 26,80
ISBN 3–476–10296–3

Diese Einführung stellt die wichtigsten Autorinnen und Autoren des Nouveau Roman mit ihren wesentlichen Werken vor und verfolgt die Entwicklung dieses Erzähltyps bis zum ›Nouveau Nouveau Roman‹ und den autobiographischen Projekten in der Spätphase.

Ronald Daus
Das Theater des Absurden in Frankreich
SM 147. 1976. X, 128 Seiten, kart.,
DM 19,80/öS 145,–/sFr 19,80
ISBN 3–476–10147–9

Uwe Dethloff
Französischer Realismus
SM 306. 1997. Ca. 180 Seiten, kart.,
ca. DM 26,80/öS 196,–/sFr 25,–
ISBN 3–476–10306–4

Ein umfassender Überblick über die Entwicklung der Ästhetik des französischen Realismus von der Klassik bis in die zweite Hälfte des 19. Jahrhunderts.

Jürgen Grimm
Molière
SM 212. 1984. XII, 170 Seiten, kart.,
DM 24,80/öS 182,–/sFr 24,80
ISBN 3–476–10212–2

Jürgen Grimm/Frank-Rutger Hausmann/Christoph Miething
Einführung in die französische Literaturwissenschaft
SM 148. 4., durchgesehene und erweiterte Auflage. 1997. XIX, 203 Seiten, kart.,
DM 24,80/öS 182,–/sFr 23,–
ISBN 3–476–14148–9

Der Band bietet Romanistikstudenten einen willkommenen Einstieg in die wichtigsten Sachgebiete wie literarische Gattungen, Metrik, Textkritik, Stilistik und Interpretationsmethoden. Grundbegriffe werden erläutert und der Studienanfänger mit Arbeitstechniken vertraut gemacht.

Frank-Rutger Hausmann
François Rabelais
SM 176. 1979. X, 156 Seiten, kart.,
DM 22,80/öS 167,–/sFr 22,80
ISBN 3–476–10176–2

Gerhart Hoffmeister
Deutsche und europäische Romantik
SM 170. 2., durchgesehene und erweiterte Auflage. 1990. X, 242 Seiten, kart.,
DM 24,80/öS 182,–/sFr 24,80
ISBN 3–476–12170–4

Eine Darstellung der deutschen Romantik im europäischen Kontext: historische Perspektive, Wechselbeziehungen, Wesenszüge, Tradition und Erbe.

Gerhart Hoffmeister
Petrarca
SM 301. 1997. VIII, 169 Seiten, kart.,
DM 26,80/öS 196,–/sFr 25,–
ISBN 3–476–10301–3

Der lateinische Moralist und italienische Liebeslyriker Petrarca ist eine der faszinierendsten und einflußreichsten Gestalten der Weltliteratur. Gerhart Hoffmeister interpretiert Petrarcas Lebensstationen als Paradigma einer humanistischen Lebensführung und liefert eine Einführung in sein Werk.

Hans Jürgen Schlütter/
Raimund Borgmeier/
Heinz Willi Wittschier
Sonett
SM 177. 1979. VI, 160 Seiten, kart.,
DM 22,80/öS 167,–/sFr 22,80
ISBN 3–476–10177–0

Peter V. Zima
Textsoziologie
Eine kritische Einführung
SM 190. 1980. VI, 192 Seiten, kart.,
DM 24,80/öS 182,–/sFr 24,80
ISBN 3–476–10190–8

Fremdsprachige Literaturen

Edward R. Haymes
Das mündliche Epos
Eine Einführung in die »Oral-Poetry«-Forschung
SM 151. 1977. VIII, 52 Seiten, kart.,
DM 19,80/öS 145,–/sFr 19,80
ISBN 3–476–10151–7

Gerhart Hoffmeister
Deutsche und europäische Romantik
SM 170. 2., durchgesehene und erweiterte Auflage. 1990. X, 242 Seiten, kart.,
DM 24,80/öS 182,–/sFr 24,80
ISBN 3–476–12170–4

Barbara Korte/Klaus Peter Müller/
Josef Schmied
Einführung in die Anglistik
SM 302. 1997. XVIII, 325 Seiten, kart.,
DM 28,80/öS 211,–/sFr 26,50
ISBN 3–476–10302–5

Der Band bietet anhand vieler Beispiele eine Einführung in alle Arbeitsfelder, Ansätze und Begriffe des Anglistikstudiums und trägt insbesondere der derzeitigen Neuorientierung der Anglistik Rechnung.

Holger Siegel
Sowjetische Literaturtheorie (1917–1940)
Von der historisch-materialistischen zur marxistisch-leninistischen Literaturtheorie
SM 199. 1981. VIII, 213 Seiten, kart.,
DM 24,80/öS 182,–/sFr 24,80
ISBN 3–476–10199–1

Liliane Weissberg
Edgar Allan Poe
SM 204. 1991. X, 235 Seiten, kart.,
DM 26,80/öS 196,–/sFr 26,80
ISBN 3–476–10204–1

Mit seinen in der Tradition der englischen Schauerliteratur stehenden Erzählungen wurde Poe zum Schöpfer der »short story« und der modernen Detektivgeschichte.

Philosophie

Kurt Bayertz
Wissenschaftstheorie und Paradigma-Begriff
SM 202. 1981. VI, 120 Seiten, kart.,
DM 22,80/öS 167,–/sFr 22,80
ISBN 3–476–10202–5

Kai Buchheister/Daniel Steuer
Ludwig Wittgenstein
SM 267. 1991. XIV, 211 Seiten, kart.,
DM 24,80/öS 182,–/sFr 24,80
ISBN 3–476–10267–X

Die vorliegende Monographie will Wittgensteins Philosophie verständlich und einführend darstellen und im Überblick erläutern.

Winfried Franzen
Martin Heidegger
SM 141. 1976. X, 138 Seiten, kart.,
DM 19,80/öS 145,–/sFr 19,80
ISBN 3–476–10141–X

Thomas Gil
Ethik
SM 276. 1993. XIV, 193 Seiten, kart.,
DM 24,80/öS 182,–/sFr 24,80
ISBN 3–476–10276–9

In seiner chronologisch vorgehenden Einführung in die philosophische Ethik beschreibt Thomas Gil die wichtigsten Argumentationsmodelle der ethischen Reflexion.

Ulrich Gmünder
Kritische Theorie
Horkheimer, Adorno, Marcuse, Habermas
SM 220. 1985. VIII, 150 Seiten, kart.,
DM 22,80/öS 167,–/sFr 22,80
ISBN 3–476–10220–3

Anhand der Hauptvertreter stellt der Autor den Weg der Kritischen Theorie vom Programm der Sozialforschung Max Horkheimers über Theodor W. Adornos Negative Dialektik und Herbert Marcuses ästhetische Utopie bis hin zu Jürgen Habermas' Versuch einer Neukonstruktion Kritischer Theorie dar.

Christoph Helferich
Georg Wilhelm Friedrich Hegel
SM 182. 1979. VIII, 234 Seiten, kart.,
DM 24,80/öS 182,–/sFr 24,80
ISBN 3–476–10182–7

Detlef Horster
Jürgen Habermas
SM 266. 1991. VIII, 165 Seiten, kart.,
DM 24,80/öS 182,–/sFr 24,80
ISBN 3–476–10266–1

In diesem Band wird die Kontinuität der Habermas'schen Philosophie von der ersten Auseinandersetzung mit Heidegger 1953 bis zu den Analysen der nationalen Einheit 1990 dargestellt.

Werner Jung
Georg Lukács
SM 251. 1989. X, 163 Seiten, kart.,
DM 24,80/öS 182,–/sFr 24,80
ISBN 3–476–10251–3

Georg Lukács Lebenswerk von geradezu enzyklopädischem Ausmaß hat grenz- und fachüberschreitend die politischen, philosophischen, ästhetischen und literaturtheoretischen Diskussion des 20. Jahrhunderts beeinflußt.

Hans Herbert Kögler
Michel Foucault
SM 281. 1994. VII, 212 Seiten, kart.,
DM 26,80/öS 196,–/sFr 26,80
ISBN 3–476–10281–5

Unter dem Motto einer »Ontologie der Gegenwart« faßt diese Einführung in Foucaults Philosophie die Phasen seines Denkens in die drei Schlüsselkapitel »Archäologie des Wissens«, »Genealogie der Moral« und »Ästhetik der Existenz«.

Dietrich Naumann
Literaturtheorie und Geschichtsphilosophie
Teil I: Aufklärung, Romantik, Idealismus
SM 184. 1979. XIII, 147 Seiten, kart.,
DM 22,80/öS 167,–/sFr 22,80
ISBN 3–476–10184–3

Hans-Ludwig Ollig
Der Neukantianismus
SM 187. 1979. X, 178 Seiten, kart.,
DM 24,80/öS 182,–/sFr 24,80
ISBN 3–476–10187–8

Klaus Peter
Friedrich Schlegel
SM 171. 1978. VIII, 94 Seiten, kart.,
DM 19,80/öS 145,–/sFr 19,80
ISBN 3–476–10171–1

Wolfgang H. Pleger
Die Vorsokratiker
SM 265. 1991. VI, 203 Seiten, kart.,
DM 24,80/öS 182,–/sFr 24,80
ISBN 3–476–10265–3

Der Autor verfolgt die Entwicklung des griechischen Denkens von Homer bis Sokrates. In dieser Zeit entstehen die Fragen und Denkmodelle, die wir seitdem als Philosophie und Wissenschaft bezeichnen.

Wiebrecht Ries
Karl Löwith
SM 264. 1991. VI, 146 Seiten, kart.
DM 24,80/öS 182,–/sFr 24,80
ISBN 3-476-10264-5

Karl Löwith (1897-1973) Schüler Heideggers und später dessen schärfster Kritiker, zählt zu den herausragenden Persönlichkeiten der deutschen Nachkriegsphilosophie.

Hans Jörg Sandkühler
Friedrich Wilhelm Joseph Schelling
SM 87. 1970. VIII, 108 Seiten, kart.,
DM 19,80/öS 145,–/sFr 19,80
ISBN 3–476–10087–1

Georg Scherer
Philosophie des Mittelalters
SM 271. 1993. VI, 191 Seiten, kart.
DM 24,80/öS 182,–/sFr 24,80
ISBN 3–476–10271–8

Georg Scherer bespricht in seiner Einführung Philosophen wie Anselm von Canterbury, Moses Maimonides, Thomas von Aquin, Meister Eckhart und Cusanus. Gängigen Vorurteilen vom finsteren bzw. vom romantisch verklärten Mittelalter begegnet dieser Band mit einer sachlichen Darstellung der Standpunkte und Tendenzen des mittelalterlichen Denkens.

Thomas Seibert
Existenzphilosophie
SM 303. 1997. 208 Seiten, kart.,
DM 26,80/öS 182,–/sFr 23,–
ISBN 3–476–10303–X

Der Autor beschreibt die Entwicklung der Existenzphilosophie von Kierkegaard und Heidegger über Jaspers und Sartre bis zur Gegenwart, wo sich der Existenzbegriff in den Debatten um die Postmoderne wiederfindet.

Claudius Strube
Wilhelm Dilthey
SM 292. 1998. Ca. 160 Seiten, kart.,
ca. DM 26,80/öS 196,–/sFr 25,–
ISBN 3–476–10292–0

Gianni Vattimo
Friedrich Nietzsche
Eine Einführung
Aus dem Italienischen
von Klaus Laermann
SM 268. 1992. XII, 179 Seiten, kart.,
DM 26,80/öS 196,–/sFr 26,80
ISBN 3–476–10268–8

Gianni Vattimos Einführung in Nietzsches Werk ist an der Wirkungsgeschichte Nietzsches in den ersten Jahrzehnten unseres Jahrhunderts orientiert.

GPSR Compliance

The European Union's (EU) General Product Safety Regulation (GPSR) is a set of rules that requires consumer products to be safe and our obligations to ensure this.

If you have any concerns about our products, you can contact us on ProductSafety@springernature.com

In case Publisher is established outside the EU, the EU authorized representative is:

Springer Nature Customer Service Center GmbH
Europaplatz 3
69115 Heidelberg, Germany

Batch number: 10578184

Printed by Printforce, the Netherlands